UNITED STATES
POSTAGE
3 CENTS
NEW YORK
WORLD'S FAIR 1939
U0924038

通往明天之路

通往明天之路

1933—2005年历届世博会的建筑、设计与风格

中国友谊出版公司

目录

幻想与现实

保拉·安东内利　PAOLA ANTONELLI

一届伟大的世博会，以科技对社会的影响为基础，就像一部优秀的科幻片，亦真亦幻。然而影片所描绘的世界，可能正处于惨重灾难的边缘，也可能刚刚经历，但世博会所激发的梦想，却几乎总像隐隐约约的乌托邦，触手可及。即使在涉及迫在眉睫的灾难时（例如现代社会对环境的不负责任、对世界秩序的重大破坏），从一战到大萧条，再到极权统治的出现，一直到二次大战爆发，世博会总是保持温和的微笑，对劫后余生的前景抱以乐观主义的态度。世博会就像是 1936 年的柏林奥运会，本质上与纯粹的民族主义操纵是相悖的。那届奥运会，本意旨在宣告希特勒对世界的主宰，阿尔伯特·施佩尔（Albert Speer）极尽渲染，莱妮·雷芬斯塔尔（Reni Riefenstahl）拍摄了激动人心的纪录片。然而，杰西·欧文斯（Jesse Owens）一人独得四枚金牌，盖过了前面所有人的风头，传递了鲜明的希望与自由的信息。

本书撰写之初，我们在寻找科幻影片里程碑的过程中，9 年内遇到了对进步与科技的各种消极看法，从公开的灰暗风格（弗里茨·朗 /Fritz Lang 的《大都会》/Metroplolis ），到看上去显而易见但其实容易误导的风格，就像玻璃与磨光混凝土那般，开明的社会主义（威廉·卡梅隆·曼泽斯 /William Cameron Menzies 在 1936 拍摄的《科幻双故事片》/Things to Come，原著 H.G. 威尔斯 /H.G. Wells，拉斯佐·莫霍利－纳吉 /Laszlo Moholy-Nagy 的特技更增色不少）。看到世博会的历史与真正的科幻影片娱乐史之间的联系，几乎会让人产生一种负疚的快乐。但更多是详解人类近 70 年来为实现科学、政治及风格之梦的奋斗史。

世博会的历史，不仅有奇妙的电影摄影和文字来装饰，更有现实去点缀。最引人入胜的，是巴西利亚这个南美新首都。最初是在 19 世纪末，一位天主教圣徒盟发了这样的梦想，后来在20世纪50年代末，一位保守的总统再次重拾这个梦想，最终由一群共产主义的建筑师和规划师在三年内将美梦变为现实。首席建筑师奥斯卡·尼迈耶（Oscar Niemeyer）对未来充满了乐观的梦想，对现代建筑无处不在的力量饱含赞颂。在热带阳光下，巴西利亚显得堂皇而威严，堪称提升巴西和世界的命题之作。大家所设想的社会完美融合并没有实现。巴西利亚是作为一个梦而建造的，一直就是一个乌托邦城，今天看上去有些像被废弃的世界露天游乐场。不过，尼迈耶作为一名建筑师，如今之所以仍名声远扬，引人注目，且仍然是争议人物，却是因为他对美的不懈追求，而这也正是大多数世博会的关键所在。

博览会往往总是重大变革的试水。它们就是一场场奥运会，只是各国竞争的不是体育，而是科技；比拼的不是肌肉与训练，而是创造力与想象力。历史上，大型工业制造商首开先河，在这样的综合盛会上，通过一座座既实用又传神的建筑，将自己置于国家同等的层次，吸引了同样众多懵懵懂懂的观众。这便是今天的巨型跨国公司问世的预兆，而这些跨国公司对国际政策的影响，不亚于甚至超过国家。

在我们了解体验化设计和互动式设计的效果之前，博览会就已经预见到并已呈现出来。事实上，对未来的想象和设计，乃是一种追求，无论是儿童还是诺贝尔奖获得者，都会为此兴奋，他们不再仅仅是旁观者，而是积极的参与者。从金字塔到蓬皮杜中心，这些最有力的建筑实例，远远不仅仅在于它们的功能。它们蕴含着感情，包含着憧憬；它们是“通往明天之路”。作为建筑师和设计师，从世博会中我们懂得，能够积极投身让世界更加美好的事业中，没有什么比这更加让人感到四海一家，更加令人怦然心动。

图 1：牛顿纪念堂，埃提恩—路易 · 布雷（Etienne-Louis Boullée）设计，1784 年。

图 2：三角尖塔和圆球，纽约世博会，纽约皇后区法拉盛草地公园，1939/1940 年。

预测未来：世博会的起源与发展

伍多·库尔特曼　UDO KULTERMANN

图 3：美国馆，巴克明斯特·富勒（Buckminster Fuller）设计，蒙特利尔世博会，1967 年。

1. 起源

18 世纪，牛顿在自然科学方面革命性的突破，为科学评估标准奠定了基础，同时，也奠定了全球化前景的基础，这在以前无法想象的。它自此改变了人们的思维方式，且至今仍在一直改变着。18 世纪后期的建筑，便具有鲜明的新时代特征（图 2、图 3）。其中，法国建筑师埃恩—路易—布雷在 1784 年设计的牛顿纪念堂（图 1）尤其突出。这一历史时期被称为“文艺复兴时期”，它就像光明撒向黑暗的太空一般，对后世有着极为重要的意义。同期，卢梭和伏尔泰创作了革命性的著作，而根本变革之后随之而来的，是法国大革命。根据康德的哲学，所有这些因素都是合为一体的，它们共同构成了 19 世纪以来社会发展的基础。就全球机遇而言，建筑改革的大门是敞开的，实现多层面的全球化和标准化的条件已经具备。各国纷纷希望自己的产品参与全球交流，这种意愿转变了早期的本土经济体系，形成一种传统制成品与新兴工业产品共存的态势。

这些重要的政治经济转变，在新成立的世界博览会组织中得到了体现。在这个组织内，世界各国可以衡量自己的财富水平和经济总量，并与其他国家进行对比。“博览会”这个术语，是早期传统市场的现代化称谓。各种物品在这里展出，进行国际交流，从而这一活动得到提升，达到一种制度化的相互依存。这些机遇所产生的一个惊人结果，便是建筑界获得了自由，它冲破世俗的限制，对前人未知的方法进行了探索。而这些方法，只有在后世才进入建筑界主流。借助这种新的自由，相关建筑物的外形也改变了建筑业的总体发展，不仅预见到未来的圆形建筑和高架设计，还预见到了后来的高密度建筑及其灵活易用、可移动、可充气的特征。因而，世博会的历史，就是建筑结构的发展史，就是对建筑革新的全面预测。

这些新发展的根源，即在英法两国：在法国，工业博览会激发着新的潜力；在英国，全球化已成为现实，既有来自殖民地的手工制品，也有来自现代工厂的工业品。世博会开创了一个新的历史时期，来自世界各地的产品在这里交流，发挥了价值非同寻常的新作用。而展示这些琳琅满目商品的建筑样式则发挥了一种新的功能，并且，还对其他建筑样式的革新产生了创造性的影响。

自此，为世博会设计和修建的主体建筑，尽管只是临时性的，却对建筑的发展具有重要的历史意义，例如，1889 年巴黎世博会的两大建筑埃菲尔铁塔和机械馆便属此列。其他尚存的世博会建筑，还有亨利·德格朗（Henry Deglane）的大皇宫，查尔斯·路易·吉劳尔特（Charles Louis Girault）的小皇宫，两者都在巴黎，还有摩西·沙夫地埃（Moshe Safdie）在蒙特利尔设计的居民区 67，以及安德烈·波拉克（Andre Polak）、让·波拉克（Jean Polak）和安德烈·沃特基恩（Andre Waterkeyn）为 1958 年世博会设计的原子球。过去的历届世博会，至今仍具有预见未来的洞察力，对历史进行重新评价的功能，以及文化上的寓意。

2. 1851年的奇迹

有这样一座建筑，它清晰地体现了各种新的发展成果，融合了世界经济的各种元素、政治野心及工业化和大规模生产的种种创新，这，就是 1851 年世博会的水晶宫（图 4）。

水晶宫的建设由伦敦皇家艺术协学会会长亨利·科尔（Henry Cole）亲自挂帅，阿尔伯特亲王出面支持，工程师伊桑巴德·金登·布鲁内尔（Islambard Kingdom Brunel）、约瑟夫·帕克斯顿（Joseph Paxton）爵士、乔治·史蒂芬森（Goerge Stephenson）和罗伯特·史蒂芬森（Robert Stephenson）参与设计建造，其重要性可见一斑。在参观了 1848 年的巴黎工业展后，会长科尔在皇家艺术学会主办了类似的展览，国际创新趋势在展会上显而易见。工程师布鲁内尔推波助澜，建议英国在 1850 年竞争第一届世博会主办权，此议得到了 233 名建筑师的拥护。

从时间安排来看，这并不现实：预计的世博会开办时间定在 1851 年 5 月，没有足够的时间等待竞争结果和修建传统的建筑物。这就需要全新的建筑材料和全新的建筑流程，需要预先制作各种建筑要素，又需要通过轨道进行运输。除了科技的发展，大众传播的新潜力也在这一项目的宣传与最后成功中发挥了作用。1850 年 6 月 6 日，《伦敦新闻画报》发表了一种显然是受到

图 4：约瑟夫 · 帕克斯顿，伦敦水晶宫，1851 年

布鲁内尔启迪的设计方案。同年7月6日，帕克斯顿向支持自己计划的议员埃利斯先生（Ellis）送去了他的设计方案。最终，帕克斯顿与乔治·史蒂芬森和罗伯特·史蒂芬森通力协作，赢得了白金汉宫的支持。很快，官方任命的委员会于7月16日批准了这项设计方案，交给福克斯－亨德森公司（Fox and Henderson）承办。该方案采用预制组合方式，材料包括木材、玻璃和钢，设计了一个十字交叉拱廊，木质穹顶。

工程启动的速度堪称惊人，大约6个月后即告竣工。水晶宫全长1851英尺（564米），用以纪念这个年份。中央大厅高22米，由宽22米的十字通道贯穿其间。整个建筑采用7米见方的柱网。尽管全新的设计引起轰动，不过，人们还是看到了历史的痕迹。它的基本结构是一种长方形廊柱式大厅，属于传统的早期罗马基督教堂风格。卡莱尔在将其与圣彼得教堂进行对比之后，认可并称赞了水晶宫的风格。

水晶宫别具一格的特点及其在短时间内便完成了设计和修建，还具有进一步的意义，因为它预见了20世纪的建筑设计风格。总体结构是按一定比例的模块设计的，且根据欧文·琼斯（Owen Jones）的理念，采用了红黄蓝三原色。另一处创新，就是将海德公园的棵棵大榆树装进了水晶宫。帕克斯顿的设计方案，可以说预见到了多年之后的建筑原则，正如康拉德·瓦赫斯曼（Konrad Wachsmann）在多年后所言，成为名副其实的“建筑学转折点”。

与30年后埃菲尔铁塔的命运一样，伦敦出现了强烈的反对声音。人们抗议在海德公园树起新的建筑，尤其对该建筑的安全性表示担忧。安全性之所以受到质疑，是因为它采用了未知的新型建筑技术。许多反对者称，数学家们已经计算过，只要一刮大风，水晶宫就会被吹垮；工程师们则表示，走廊会碎裂，砸伤游客。1851年世博会的理念与举办，与后来的许多届世博会一样，引起了激烈的争论。

尽管如此，竣工的水晶宫及其在国际上的成功，仍是当时主流学者之间哲学辩论的焦点，其中便有约翰·拉斯金（John Ruskin）和威廉·莫里斯（William Morris）。拉斯金猛烈抨击机械技术支配了展会，称水晶宫不过是“黄瓜温室”。另一方面，年轻的维多利亚女王则在日记中给予了最积极的评价，称1851年5月1日的开幕式是“和平盛典”，她写道：“宏伟的建筑、棕榈树、鲜花、喷泉、我亲爱的丈夫，这次‘和平盛典’的创造者，把地球上所有国家的工业联合起来。”不过在1851年，“和平的象征”也包括首次展出了克虏伯加农炮，这种大炮在当年及后来的多届世博会都曾展出，并得到德国政府的刻意宣传与财力支持。此外，博览会还展出了法国军工产品，而美国对1851年世博会的贡献，也包括赛勒斯·麦考米克（Cyrus McCormick）和塞缪尔·科尔特（Samuel Colt）发明的左轮手枪。1862年世博会上的“和平天使”雕塑，就是一个天使坐在一只枪上，体现了世博会和平理念的矛盾色彩。全球化趋势的另一个标志，是1851年世博会展出的“伟大的地球”(Great Globe)，它象征着世博会走向世界的雄心。这个大球在后来的世博会上多次经变体后出现，其中，1964年纽约世博会中心的巨大球体，至今犹存。

1851年世博会在国际上取得了巨大成功，同时还带来了重大经济效益：来自英国本土及属地的参展人员共有13937名，来自外国的有6556人。展区达92146平方米，展品超过10万件，参观者更有600余万之众。博览会从1851年5月1日开幕，一直到10月11日才落幕，为组织者赚取利润186437英磅。通过乔治·克鲁克香克（George Cruikshank）拍摄的系列照片《走进1851年的伟大展览》便可看出，此次博览会不仅吸引了世界各国，还引起了将世博会再作他用的一场讨论。1852年至1854年就在悉丹翰（Sydenham）成功重建了新水晶宫，它规模更大，还添加了两个拱廊，可惜在1939年被大火化为灰烬。

1854年，新水晶宫竣工之后，一场关于其意义的哲学辩论便开始了。俄罗斯作家车尔尼雪夫斯基前往伦敦参观了水晶宫后，在1863年出版的《怎么办》一书中，将它界定为社会主义乌托邦的象征：“那对于所有人都将永远是春天，永远欢乐无穷。”另一名俄罗斯作家陀思妥耶夫斯基则对水晶宫做了相反的描述，他提及伏尔泰对乌托邦思想的批判性质疑，称之为“鸡毛蒜皮”。陀思妥耶夫斯基的结论是：“一座巨大的建筑，里面的公寓可以一千年出租给穷人，外面还有紧急时的求医标志，我认为这就是我的最大梦想。”第一届世博会所采用的先进科技，也受到了陀思妥耶夫斯基的质疑，被批评为不过是“一场大骗局”。

3. 全球扩张：1851—1889年

毋庸置疑，首届伦敦世博会的建筑及其引起的争议，无论是对后来作为惯例举行的各届世博会，还是对整个建筑学来说，都产生了巨大的影响。都柏林和慕尼黑世博会均以“水晶宫”冠名。同样，1853 年的纽约世博会展厅，也无疑是对帕克斯顿设计的模仿。它由建筑师卡尔斯顿森（Carstensen）和吉尔德梅斯特（Gildmeister）设计，位于第五大道和第四十二大街交界处，和伦敦的水晶宫一样，所有展品均在一个屋顶下展出，只不过没有像伦敦世博会那样得到政府的强有力支持。这个缺陷颇多的纽约展馆，1858 年也在一场大火中被付之一炬。

图 5 是未被纽约世博会采纳的设计，系建筑师詹姆斯·博加德斯（James Bogardus）的作品。他所设计的展馆像个圆形剧场，直径达 365 米，中心耸立着一座有电梯的高塔：这是最早在大型建筑中使用电梯这种新发明。设计所用材料为铸铁，原计划在会后再作他用。其中最具创造性的设计，是在中央高塔和圆形展厅之间的空间覆盖了缆线网。

后来的大多数世博会建筑都存在空间不足的问题，一个展馆再也无法容纳所有的展品，这就需要多个场馆。1854 年至 1889 年期间举办了多届世博会，其中一些在人类历史上具有里程碑意义，1876 年纪念美国独立百年的费城世博会便是一例，首席设计师施瓦茨曼所设计的园艺馆是此届世博会的中心。而当时尚未完工的自由女神擎着火炬的右臂，则尤其引人注目（图 6）。1876 年世博会上，自由女神

图 5：未被 1853 年纽约世博会采纳的设计，詹姆斯 · 博加德斯

首次向美国公众亮相。法国雕塑家巴托尔迪及其在美国的支持者相信，火炬象征着自由，将会激发美国人民的工作热情。10 年后，在纽约港，这一点得到了证实。光明、和平和自由，在这里得到了和谐的体现与诠释：自由女神雕像从此照亮着全世界。

自由女神雕像的内部结构，是由古斯塔夫·埃菲尔（Gustave Eiffel, 1832-1923）设计的。同时，他还为 1878 年巴黎世博会设计了一座曲线型建筑物。在工程师克兰茨的指挥下，它被分隔成多个展区，总体外观就像地球椭圆的外形。中心是一个雕塑公园，可由此处进入各国展区。负责规划的是弗雷德里克·勒普莱（Frederic Le Play,1806-1870）。法国印象派大师莫奈（Edouard Manet）的一幅油画，便整体

图 6：自由女神的右臂和火炬，1876 年美国独立百年费城世博会

呈现了这一建筑。

巴黎世博会在国际上取得了极大成功，参展人数从1851年伦敦世博会的17000人，剧增到1867年的6万人，参观人数更是达到了680万。而到了1889年的巴黎世博会，参观人数激增到28121975人，1904年的圣路易斯世博会则达到了顶峰，约有5000万人。此外，1873年维也纳世博会、1879年悉尼世博会和1885年安特卫普世博会，同样也是参观者云集。

4. 顶峰：1894-1904年

世博会在世界各地日益重要，它不仅吸引了西方国家的产品，如工业制品、电灯和新的通信工具，还历史性地吸引了其他国家的文明。例如，日本便参加了1876年费城世博会和1893年芝加哥世博会，而1889年巴黎博览会上还出现了吴哥窟的复制品。

在建筑方面，1889年巴黎世博会的最高成就在于两座建筑物，它们突出体现了建筑学上的进展。其一是位于展区中心的埃菲尔铁塔（图7），其二便是机械馆（图8），它们所采用的空间概念，前人从未涉足。工程师康塔明和杜特尔特设计的空间结构前所未闻：宽105米，高55米，长420米。伦敦世博会帕克斯顿所设计的水晶宫是通过一个个的分隔实现的。而这里，空间的赋予，是通过前人未知的空间维度所实现的，呈现出动态的分布。它超越了帕克斯顿水晶宫的前卫成就，成功地使用了新型材料。此外还增设了活动平台，用来承载巨大展馆中的约10万名参观者。新时代的灵活性，在新的空间概念中得到了完美的展现，这些成就的融合，构成了新的景观。亨利·亚当斯（Henri Adams）在1900年参观时，便被展厅深深吸引。他对展出的蒸汽机和发电机欣赏不已，这些对他来说，简直就像神话一般不可思议。遗憾的是，

图7： 斯塔夫·埃 尔，埃 尔 塔，1889年巴黎世博会

图8：机械馆，1889年巴黎世博会

机械馆在 1910 年被拆毁。

1889 年巴黎世博会有另一处卓越建筑，是用来纪念 1789 年法国大革命 100 周年，这也使得这届世博会具有历史象征意义。1884 年，法国便开始筹划举办活动来纪念大革命 100 周年。各种设计方案中，有一个巨大的断头台，一个大水罐和一面镜子。和帕克斯顿的设计一样，最终，埃菲尔的革命性设计在参加巴黎竞标的所有方案脱颖而出，他所设计的铁塔高达 300 米，后来成为世博会乃至整个巴黎的中心。（此前，塞比约 /Sebillot 曾建议修建一座石塔，用来照亮巴黎城，再次展现电的重要意义。世博会正式向世人介绍电灯是在 1878 年的巴黎。）埃菲尔铁塔将超过历史上任何纪念性建筑，比它们高出一倍还多，其中包括德国的乌尔姆大教堂和华盛顿纪念碑。

工程于 1887 年 1 月 28 日启动。埃菲尔的合作者诺吉尔（Naugier）和索维斯特（Sauvestre）设计了四个塔基，最后组合成一座巨大的铁塔。每一个部件都是在工厂制造，编上号，细致地钻了无数个孔，最后组装成整座铁塔。埃菲尔全力投入这项工程。然而，它从一开始便遭到众多作家、艺术家和建筑师的反对，他们“以法国品味和国家文化精神的名义”，抗议树立这样一个巨型怪物。此外据称，一位数学家预言，铁塔超过 228 米就会倒塌，这类似于“科学家们” 出于其他原因曾对帕克斯顿的水晶宫所做的预言。尽管面临各方警告，工程仍然在继续，1888 年，铁塔建起了可以建饭店的第一个平台。同年 5 月 15 日，第二层修建完毕，12 月，巴黎世博会开幕式如期举行。由于电梯还没有完工，埃菲尔经过 1 710 个台阶，走上了铁塔顶部。

尽管仍然批评者众多，但这座建筑最终成为法国和巴黎的象征。法国小说家于斯曼斯（Huysmans）在他的著作《某些人》（Certains）中，将它视作等候填充砖块的框架。他认为，这个骨架般的结构是现代建筑工程所无法接受的。工程师埃菲尔也是首次在其宏伟的作品中体现结构和体积的必要改变。埃菲尔铁塔一直保持着引领建筑新理念的地位，是首座不分内外的、钢架式纪念性建筑。它展现了新材料的极度潜力，为未来的建筑打开了新的空间。1937 年，为了符合新的“现代化”标准，塔上最具历史感的装饰被去掉了。

同样重要的一点，是埃菲尔超前地在塔顶自己的实验室中进行了飞行器试验。1907 年，试验结果发表在他的著作《研究实验》中。而他的试验，导致了真正意义上的飞机 (现实机型 Breguet LE) 的诞生。埃菲尔铁塔，成为连接这位工程师的成果与新型飞机技术之间的桥梁。

1893 年芝加哥世博会和 1904 年圣路易斯世博会，有着共同的历史意识，分别为了纪念哥伦布发现美洲和密西西比河西部各州的开发。例如，1893 年芝加哥哥伦布纪念博览会，就标志着方向的改变，用强调历史主题的法国模式来取代技术的主导性。在约翰 · 韦尔伯恩 · 鲁特（John Wellborn Root）指导下，经过多年的筹划，芝加哥市拿出了一个美国中西部与欧洲传统和谐共处的方案。1891 年，鲁特去世，余下的大部分筹划工作便留给了他的合作者丹尼尔 · 伯恩汉姆（Daniel H. Burnham，1846-1912），后者改变了总体态度，使外观更具古典主义风格。他选择了美国五家知名公司负责博览会的主体建筑，即：R. M. 亨特（R. M. Hunt）负责管理楼，罗伯特 · 斯温 · 皮博迪（Robert Swain Peabody）和约翰 · 戈达德 · 斯腾斯（John Goddard Sterns）负责机械馆，麦金 － 米德 － 怀特公司（McKim ,Mead and White）责农业馆，亨利 · 范 · 布伦特（Henry Van Brunt）和弗兰克 · 梅纳德 · 布伦特（Frank Maynard Brunt）负责电气馆，而乔治 · 布劳恩 · 波斯特（George Browne Post）则负责制造业与自由艺术馆。所有设计均具备法国式的显著

图 9：路易斯 · 苏利文，运输馆，1893 年芝加哥哥伦布纪念博览会

图 10：科涅特，电气馆，1900 年巴黎世博会

图 11：崖屋，1904 年圣路易斯世博会

历史特征，以现代材料建成，被涂成白色，从而这一届世博会又被称为“白色之城”。所有的建筑都野心勃勃，希望能够象征永恒，但实际上却又寿命如此短暂，在世博会结束后即被悉数拆除。

在芝加哥世博会上，代表非西方世界的是萨摩亚村（也叫南海岛屿村）及阿拉伯村，而来自这些地区的居民也成了展览的一部分。弗雷德里克·劳·奥姆斯特德（Frederick Law Olmsted）的贡献至关重要，他在 633 英亩的展区引入了花园与水系。本届世博会还有可移动的走道，游客只消花 10 美分，便有机会登上观景平台俯瞰全景。此外，德国克虏伯军火公司发明的摩天大转轮，以及该公司耗资 50 万美元运来的克虏伯加农炮，也成为博览会一景。博览会结束后，该门大炮被赠送给芝加哥市。本届世博会游客多达 2700 万，成为 19 世纪最后十年中最受欢迎的活动之一。

理查德·亨特（Richard M. Hunt）和亨利·科布（Henry Cobb）所设计的建筑主体，保留了古典主义的法国风格，当然，路易斯·苏利文（Louis Sullivan）所设计的运输馆（图 9）和索菲娅·海登（Sophia Hayden）所设计的妇女馆采用了创新的结构。虽然如此，一些革新派建筑设计师如弗兰克·劳埃德·莱特（Frank Lloyd Wright）仍然认为，此次世博会是美国建筑发展的倒退。

1900 年巴黎世博会则融合了早期的技术成就，包括埃菲尔铁塔、机械馆及其他重要工程结构，大多有历史感的装饰。这届世博会至今尚存的的两处建筑，分别是亨利·德格朗的大皇宫和查尔斯·路易·吉劳尔特的小皇宫，两者均为传统的法国装饰风格。

此届博览会在国际上取得了成功，参与人数多达 4800 多万。科涅特（E. Coignet）所设计的富丽堂皇的电气宫（图 10），赋予电灯以新的重要作用。亨利·苏瓦吉（Henri Sauvage）所设计的另一座规模小些的建筑，则是为美国舞蹈家洛伊·福勒（Loic Fuller）所设计，她在表演中借用了电灯和面纱。芬兰馆则是埃里尔·沙里宁（Eliel Saarenen）早期的艺术创新作品。整个展区再次采用了活动走道，这在多年后被日本大阪世博会借用。具有历史意义的是巴黎地铁站，这是由埃克托耳·吉玛德（Hector Guimard）所设计的，在世博会前宣告竣工。

1904 年的美国密苏里州圣路易斯世博会，志在与此前的芝加哥和巴黎一决高下。它的特别意义在于将奥运会和世博会合二为一。卡斯·吉尔伯特（Cass Gilbert）所设计的圣路易斯纪念馆至今犹存，它在森林公园的一座小山上，占据主体地位，最初被设计成节日馆。这座建筑和众多的外国国家馆一样，是一种综合性的场馆，娱乐设施在其中发挥着重要作用。而著名的崖屋（cliff dwelling），则彻底体现了对非西方文化的吸收：不仅美国土著人的住房模式被展出，居民本身也是被带到展会，以便原汁原味地展示他们的生活方式（图 11）。这些由泥砖建成的住房，极大影响了美国年轻一代建筑师，尤其是弗兰克·劳埃德·莱特。他后来在加州的住房中设计了堪与媲美的建筑形式。

5. 私企的力量与国家的力量：20世纪30年代

随着一战的爆发，以及随后俄国、意大利和德国政局的转变，国际性博览会被迫暂停。美国倒是在坚持举办，但参展的主要是大公司，以汽车厂商为主。在欧洲，少数创新的设计师加入了建筑发展的变革，尽管他们所设计的建筑，在规模上无法与早期博览会的主要展馆媲美。其中有勒·柯布西耶（Le Corbusier）所设计的新精神馆，以及康司坦丁·梅尔尼科夫（Konstantin Melnikov）设计的苏联馆。这两处建筑都出现在 1925 年巴黎世博会上，以另类的风格表现了建筑的新潜力。另一处建筑，则是 1929 年巴塞罗那世博会上的德国馆（图 12），出自设计师路德维格·米斯·范德洛（Ludwig Mies Van der Rohe）之手。这三处建筑，均堪称建筑杰作。米斯的德国馆空间处理非常出色，其和谐的比例与精选的材质，创造了精致建筑的概念。著名艺术史学家沃纳·霍夫曼（Werner Hofmann）便盛赞它的特殊成就，称它打破了内外空间的界限。他说："主馆和次馆向多个方向敞开，通过咬合墙 articulating wall 错落有致地连为一体。"他恰如其分地将德国馆归结为有机空间概念的"渗透"，是在探索仅展示展馆而无需展示物品的可能性。

由于欧美遭遇大萧条，建筑活动减少了。然而，一些雄心勃勃的计划却纷

图 12：路德维格 · 米斯 · 范德洛，巴塞罗那世博会德国馆，1929 年

纷出台，每一项都对未来抱着乐观的态度。这些计划的核心，往往是工业和经济发展的前景，而“进步”、“未来”等词常常被宣扬。

1933/1934 年芝加哥世博会和 1939 年纽约世博会的中心，就是大型环保建筑，其中，芝加哥“世纪的进步”博览会达到了顶峰。设计师阿尔伯特·卡恩（Albert Kahn，1896-1942）同时为福特、通用和克莱斯勒三家汽车公司工作，他为工业建筑和工业设计引入了现代化的语言，将早期生产方式转变成适用于流水线的高效途径。芝加哥世博会的主题之一，便是预测未来，而相关口号则是“世纪的进步”和“明天的世界”。设计师约瑟夫·厄班（Joseph Urban，1872-1933）造就了这些主题，他所设计的多个未被实施的项目也同样卓尔不凡。纽约建筑师雷蒙德·胡德（Raymond Hood）被委任修建的一系列电气化建筑，则代表着时代精神。在芝加哥市及“世纪的进步”博览会中，意大利馆可谓最突出的建筑之一，设计师是阿德尔伯特·利伯拉（Adalberto Libera）、马里奥·德·伦兹（Mario De Renzi）、安东尼奥·瓦伦特（Antonio Valente）以及亚历山大·卡普拉罗（Alexander V. Capraro）。此外，意大利精彩的航空表演，也是一大看点，发起人是意大利航空部长伊塔罗·巴尔博（Italo Balbo），意大利飞机从罗马一路抵芝加哥，观看者达 10 万之众。

尽管上世纪 30 年代经济衰退，1933-1934 年芝加哥世博会仍取得了成功，游客超过了 4800 万人。来自费城的保罗·克雷特（Paul Cret，1876-1945）设计的科学厅延续了上一届芝加哥世博会的法国式艺术设计传统，尽管版本不同。约翰·霍拉伯德（John A. Holabird）、爱德华·贝内特（ Edward J. Bennett）和胡伯特·伯纳姆（Hubert Burnham）所设计的旅行与交通楼，采用了最创新的结构，由两部分构成：一个圆柱形塔，尺寸为 125×206 英尺，一个低展厅，屋顶宽 300 米，从 12 个钢塔上吊下来。

芝加哥世博会至今尚存的一处建筑，就是阿德勒天文馆，它的穹顶结构，效仿了耶路撒冷的岩石教堂。这届世博会的另一个亮点，是金富力温度计，它高达 240 英尺，可以醒目地显示温度。进行技术创新尝试的还有理查德·巴克明斯特·富勒（Richard Buckminster Fuller）人，他展出了戴马克松住宅和戴马克松汽车，两者都没有达到预计的成功。另一个引人之处是空中缆车（图 13），游客可以俯瞰展区各部分。

1939 年纽约世博会（图 14）上，著名的有设计师阿尔伯特·卡恩为福特公司设计的大量建筑，以及诺尔曼·贝尔·格迪斯（Norman Bel Geddes，1893-1958）为通用公司设计的未来馆（Futurama）。格迪斯以前曾是成功的舞台设计师，他和马克斯·厄班（Max Urban）一样，将早期的设计形式带到了美国。未来馆长 1,583 英尺，游客可以坐在输送带上，感受未来世界之旅。

负责室内设计的沃尔特•达尔文•蒂格（Walter Darwin Teague，1883-1960）尤其前卫。中心要素为电和新型建筑材料，重点是汽车。1939 年的福特展览楼中壮观的螺旋坡道，象征着“通往明天之路”，36 辆福特汽车周而复始地穿梭。汽车已经作为一种象征，取代了历史上其他风尚。凯克公司的设计师们为 1933 年世博会所设计的两个项目即未来家庭（House of Tomorrow）和水晶宫，则探索了如何使用新科技为不同客户设计不同房屋。

与美国世博会（芝加哥和纽约）形成鲜明对比的是，欧洲的十年则是政治形势为重。1937 年巴黎世博会，便在当局的态度中反映了专制权力。巴黎的两座主要建筑，分别代表着共产主义和法西斯的意识形态。苏联馆为鲍里斯·约凡（Boris Iofan）设计，德国馆由阿尔伯特·斯皮尔设计。这两

图 13：空中缆车，芝加哥世纪的进步世博会，1933/1934 年
图 14：三角尖塔和圆球，纽约世博会，纽约皇后区法拉盛草地公园， 1939/1940 年

图 15：罗马世博会展区，1942 年

个展馆被置于激烈的冲突中，都处在展会中心，而各自的建筑语言，又都互相公开对抗，体现了当时欧洲的政治格局。苏联馆中薇拉·穆基纳（Vera Mukhina）所设计的雕像，以及德国馆中阿尔诺·布雷克（Arno Breker）所设计的雕塑，进一步突显了两处建筑的雕塑语言。这清晰地预示了几年后的政治军事事件。毕加索题为《格尼卡》的画作便表现了这种对抗，约瑟·路易·塞特（Jose Luis Sert）所修建的西班牙馆展出了这幅作品。此次世博会，日本这个非西方国家破天荒参展：负责设计日本馆的，是当时正就职于著名设计师勒·柯布西耶巴黎办公室的坂仓准三。这个展馆，是一名日本建筑师对现代国际建筑的真实诠释。埃菲尔铁塔则华灯高照，还被称为“跳伞塔”，尤其引人入胜。

1942 年原定在罗马举办世博会。意大利人试图在罗马西南创建宏伟的世博会新区，它一开始是按一个城市的规模来规划和设计的（图 15），在 1936 年初便受到墨索里尼的支持。由两组意大利建筑师负责设计，一组由马塞洛·皮亚森蒂尼（Marcelo Piacentini）牵头，另一组由朱塞佩·帕加诺（Giuseppe Pagano）担纲。两组有一个同样的目的，都是突破城市的限制，建设一个新罗马。当时竣工的建筑中，有设计师乔瓦尼·盖里尼（Giovanni Guerrini）、厄内斯托·拉帕杜拉（Ernesto La Padula）和马可·罗马诺（Marco Romano）共同的杰作——劳动文明大厦，它有 216 个拱门，部分雕塑已经完工。而最引人注目的，则是阿达尔贝托·利贝拉（Adalberto Libera）和凯撒瑞·帕斯克莱蒂（Cesare Pascoletti）所设计的拱形门，可惜它和其他众多的设计一样没有建成。

因战争停办的罗马世博会最重要的建筑，是阿达尔贝托·利贝拉所设计的国会中心，它于 1955 年峻工，原计划用作世博会主要庆典的背景。根据设计，该中心和罗马万神殿一样，长宽高均为 36 米。利贝拉试图创造一个现代的“钢筋混凝土万神殿”。帕斯克莱蒂和利贝拉则设想在宏伟的拱门中体现过去与现在的交织，但从未变成现实。

图 16：埃贡 · 埃尔曼 /Egon Eiermann，德国馆，布鲁塞尔世博会，1958 年

图 17：卡尔 · 施旺哲 /Karl Schwanzer，澳大利亚馆，布鲁塞尔世博会，1958 年

图 18：勒 · 柯布西耶，飞利普公司馆，布鲁塞尔世博会，1958 年

6. 战后新开端

二战之后，世博会获得了新的发展方向，一改战前的傲慢姿态和商业气息。国际贸易和文化的交流，通过大规模的合作得以体现。在 1958 年布鲁塞尔世博会上，各国均以国家馆形式参展，新引入的原子球被簇拥在中心，成为和平利用核能的新时代主题象征。原子球设计师为安德烈 · 波拉克、让 · 波拉克和安德烈 · 沃特金，它由多个巨大的金属圆球构成，在空中由活动阶梯连为一体，创造了动态的整体效果。它 110 米高，是将一个原子放大了 1.65 亿倍，比美国馆和苏联馆的民族象征建筑还要高，而这两个馆的民族象征，都为创造世博会的氛围起到了重要作用。与巴黎世博会上雄伟的展馆不同，埃贡 · 埃尔曼所设计的布鲁塞尔世博会德国馆（图 16）规模适中，由一系列水平空间组成。其他国家馆，如斯韦尔 · 费恩（Sverre Fehn）设计的挪威馆和莱玛 · 比尔蒂拉 （Reima Pietilae）的芬兰馆，则典型地反映了本国传统，主要以木材为原料。博览会结束后，卡尔 · 施旺哲所设计的澳大利亚馆（图 17）在维也纳被重建，命名为 20 世纪艺术博物馆；而建筑师赫鲁比（Cubr. Hruby）和波可尼（Pokorny）设计的捷克斯洛伐克馆，则在博览会结束后，也在葡萄牙被重建成一家有露台的饭店。

其中意义非凡的是勒 · 柯布西耶的

图 19：弗莱 · 奥托，西德馆，蒙特利尔世博会，1967 年

图 20：摩西 · 萨夫迪，67 号居民区，蒙特利尔世博会，1967 年

飞利普公司馆（图 18），它通过空间、色彩和声音等主题的扩张，实现了音乐和电子投影的创造性融合。而在采用的音乐中，现代作曲家的作品榜上有名。同时，在飞利普公司馆，游客还能够积极参与。它那曲线优美的外形，开创了一种新的设计倾向，对整个建筑界产生了深远的影响。

继布鲁塞尔之后，1964 年 4 月 22 日，纽约世博会开幕。它的特色，是美国各大公司纷纷建立大型展馆，其中有通用汽车、柯达和克莱斯勒等。这届世博会延续了前期芝加哥世博会和纽约以前的世博会的传统，所选择的主题是“通过理解走向和平”，显然参考了 1851 年伦敦世博会维多利亚女王提出的理念。在皇后区法拉盛草地公园展会中心，是菲利普 · 约翰逊（Philip Johnson）和诺尔曼 · 福斯特（Norman Foster）设计建造的纽约州馆。它采用开放式结构，可用于举办各种公众活动。许多艺术家的大型作品装饰其间，其中有主流新兴波普艺术家劳申伯格（Rauschenberg）、利希腾斯坦（Lichtenstein）、沃霍尔（Warhol）和罗森奎斯特（Rosenquist）。遵照首席设计师罗伯特 · 摩斯（Robert Moses）的命令，沃霍尔在一天之内便将壁画绘制完工。不锈钢地球仪象征着我们的地球，这也是对 1851 年伦敦首届世博会出现的球体的一种怀旧表现。

1967 年蒙特利尔世博会又有新的发展，它超越了早期世博会仅在欧洲中心和美国举办的局限。这也是一届技术创新的盛会，留下了永久性使用的居民区。中心的展馆位置留给了美国和苏联，两者都在竭力维护自己政治上和技术上的统治地位。美国馆是巴克明斯特 · 富勒（Buckminster Fuller）设计的穹顶建筑，非常壮观，成为展会的主要亮点之一。他在早期球形穹顶的基础上，用球形接头将外部的支架网（这些支架承受了大部分重量）与内部结构连接起来。内部则安装了 2000 个丙烯涂层柱头。每一个连接处的马达，都通过自动感应光照来升起或降下百叶窗及若干构成排气系统的六角形柱头。富勒所设计的这个摩天穹顶直径达 76 米，最高处 60 米，表面积为 13113 平方米。一条单轨铁路横穿而过，各层展区互相独立，由电梯相连。按照富勒的设计，各部件可以更换。

弗莱 · 奥托（Frei Otto）为蒙特利尔世博会所设计的西德馆（图 19）开创了新的建筑前景。该馆由 8 根钢管支撑着一个缆线网，下面是聚酯纤维覆层。里面的展区由钢架形成两个螺旋式平台。另有一个含两个楼座的大礼堂，以木板做顶。所有的部件都极端廉价，均在德国建成，分别包装，运到蒙特利尔后再行组装。建筑成本极低，甚至没有达到估计的预算。

以色列年轻设计师摩西·萨夫迪（Moshe Safdie）的67号居民区（图20），对于蒙特利尔世博会，乃至整个世博会的发展来说，都具有重要意义。最初计划1000套，但由于资金缺乏，只修建了160套。这些住宅被升到空中，搭建成12层，呈金字塔状，以不同的形状固定在一起。每套大约长37英尺，宽19英尺，高11英尺，重90吨。均为预先建造，现场装配，现场打磨，装上墙、地板、水电，配上厨房等，用升降机放置到位。共有三种规格：最小的只有一套，最大的有三四套。每套房都有一个阳台，由下一层的房顶构成。就像1851年帕克斯顿在伦敦修建水晶宫一样，预制再次成为基础，不过，这次使用了不同的材料，建成的是永久性住宅。

1965年，当大阪被选为1970年世博会主办城市，一个新的时代便诞生了。更为重要的是，负责工程设计的是日本建筑大师丹下健三。他邀请了此前曾为他工作过的12位建筑师分别完成各项工程，包括前川国男、黑川纪章和村田丰等。对丹下健三来说，1970年世博会提出新概念至关重要。作为城市规划专家，他重在软件解决方案，而非此前世博会上的硬件解决方案。在整体设计中占主导地位的节日广场，就有一个人工湖。他所设计的总体布局，各个场馆的位置形成一棵树状，有树枝、果实、树叶和鲜花。当时预计将有5000万游客体验它的步行通道，这是1878年巴黎世博会和1900年纽约世博会上首先引入的。同时，黑川纪章还设计了可垂直升降的饭店，可以连续欣赏整个展区的各种景观。

苏联馆动感十足（图21），是米哈伊尔·波索金（Mikhail Posokhin）的杰作，旨在庆祝苏联在空间技术上取得的革命性成就。其他重要场馆，有美好馆（Beautillion）和黑川纪章设计的东芝馆，后者是一个旋转式圆形礼堂。日本建筑师村田丰和川口（M. Kawaguchi）联手设计的富士馆，是一个在不同元素中施加不同气压形成的气动结构。里维斯·戴维斯（Rewis Davis）和塞缪尔·布罗迪（Samuel Brody）共同设计的美国馆，则呈椭圆形，覆盖着大型立体架构屋顶。

图21：米哈伊尔·波索金，苏联馆，大阪世博会，1970年

图 22：安藤忠雄，日本馆，塞维利亚世博会，1992 年

7. 现代视角

20 世纪最后十年世博会的发展，表现出从早期的理念向新的方向转移。例如，主要国家和大型公司不再修建气势恢宏的展馆。技术持续转变，微观和宏观物体之间的交互关系依然存在，激光设备和电子设备竞相登场。这种新特点，表明也许有一种态度正刚刚露头。

与蒙特利尔世博会和大阪世博会的恢宏气势相比，这种趋向务实的转变是显而易见的，这也是对当时不同于往昔的经济形势的体现。城市化整体性设计的绝对主导地位，已经让位于个性化的正式形式，国家认同感非常显著。日本馆和斯堪的纳维亚各国展馆均以木材为原料，这一点已是意料之中。这样一来，工业化、全球化的特征被淡化，地域倾向更加显著。

西班牙塞维利亚、德国汉诺威及日本爱知县的世博会，便体现了这种新的方向。1992 年塞维利亚世博会上，安藤忠雄所设计的日本馆（图 22）便是个很好的例子。该馆共 4 层，位居世界最大木质结构建筑之列，也代表着安藤忠雄本人的一种转变。此前，他曾频频使用钢筋混凝土。1995 年，这位建筑师在荣获普利克兹建筑奖时感言，塞维利亚世博会上的日本馆，是连接东西方的桥梁。西班牙工程师圣地亚哥·卡拉塔瓦（Santiago Calatrava）在这届盛会上，受命为科威特设计展馆。此前，科威特从未参加过世界性活动。圣地亚哥设计了可开合的屋顶结构，实现了一种新型馆内气候调节。(图 23)

2000 年汉诺威世博会的日本馆中，日本建筑师坂茂更进一步。他选择造价低廉的建筑材料，颇为异类地进行了灵活使用。这些材料还可再作他用。2005 年爱知世博会的日本馆，便对纸卷芯进行了再利用。

有一点很有意义，那就是近年来世博会的主要建筑，均非出自名声显赫的建筑师或工程师之手。和过去一样，这些人探索着未来的方向。因而，安藤忠雄、圣地亚哥·卡拉塔瓦和坂茂等设计师和工程师，实际上是继承了先驱的传统，如早期世博会的约瑟夫·帕克斯顿、古斯塔夫·埃菲尔、巴克明斯特·富勒和弗莱·奥托。

在《1827年历史观察》一书中，维克多·雨果预见到，世界历史和文化的实质，是不断变化、动态发展的，它既不是静止的，也不会囿于某个地区。在雨果看来，文明始于某个特定的地方，随着权力体系的变化而转移到另一个中心，且始终随着现实的改变而转移。在雨果看来，这尤其是一种权力向自由的转变。社会的进步是积极乐观的，不仅在政治、社会发展中得到体现，在世博会的建筑中也显而易见。因而，世博会的举办，是由具体的经济和技术条件所决定的。在这种意义上，伦敦有条件举办第一届这样的盛会，也就绝非偶然。后来的各届世博会，也是在适当的时机走向世界其他地方，例如纽约、芝加哥、费城和圣路易斯等美国城市。

世博会界定了各国的总体发展和技术进步，以及国与国之间的联系。在这个过程中，世博会奉献了大量非同寻凡的精彩建筑，它们凝结了优秀设计师和工程师实现梦想的希望，也凝结了他们预见未来发展方向的希望。

图23：圣地亚哥 · 卡拉塔瓦，科威特馆，西班牙塞维利亚世博会，1992年

CHRYSLER

芝加哥

1933/1934 年

1933 年，在 1893 年哥伦比亚纪念世博会原址，芝加哥迎来了世界各地的参展者和游客。此次盛会以“世纪的进步”命名，旨在纪念芝加哥建市 100 周年。它在大萧条之初便开始规划，以期推动芝加哥的经济发展，鼓舞市民士气。由于盈利丰厚，深受欢迎，主办方决定第二年继续开放，而最初只打算举办半年。事实上，“世纪的进步”成功地促进了芝加哥的经济发展，也推动着其他城市把市博会视作经济发展的动力。

此届盛会甫一开幕，世人惊叹。展会的灯光，据称是由来自大角星的能量所开启。之所以选择这颗恒星，是因为它距地球刚好 40 光年，从而，理论上，它的光芒便是 1893 年上届芝加哥世博会时出发射向地球的。在《世纪的进步官方摄影集》中，詹姆斯·韦伯·林恩（James Weber Linn）写道：“‘世纪的进步’的灯光，竟然是 40 年前世博会举办时来自大角星的光脉冲所开启，的确令人耳目一新……当‘大角星开启灯光’之际，当时在场的任何人，实际上还有后来的任何人，可能都不会忘记，也不会否认，诗歌和戏剧与科学思想和科学行为已经融为一体，想象力，就蕴藏在科学的核心。”

这届世博会的方方面面都精心打造，无不令游客惊叹、激动。参加展出的有一个“小人村”，60 名“小人国”的婴儿在恒温箱中被展出，好莱坞奉献了现场演唱会和三维立体电影。1933 年 10 月，德国“齐柏林伯爵号”(Graf Zeppelin) 宇宙飞船光临展会，漂浮在密歇根湖上空。这届盛会的标志性建筑即空中缆车通过矗立在密歇根湖滨的输送桥，载着乘客穿越展会上空。空中缆车由罗宾逊（Robinson）和斯坦曼（Steinman）设计，高 628 英尺，长 1 520 英尺。展会第二年，主办方力图有别于“芝加哥哥伦布纪念博览会”声名狼藉的“白色之城”，他们聘请了色彩大师约瑟夫 · 厄班（Joseph Urban）设计了深饱和色谱方案。展会的所有设计者都要遵循这套方案，其中包括首席设计师路易斯 · 斯基德摩尔（Louis Skidmore）。整个展区被称为“彩虹城”，计有 23 种颜色，每到夜间，各色灯光竞相点亮，流光溢彩。

“未来家庭”展览推动了新型建筑技术、创新建筑材料的发展，也促进了现代技术所带来的便利。凯克公司（Keck & Keck）设计的未来家庭有十面墙，三层，钢架结构，玻璃外墙。里面有一台早期的电视机，车库里停着一辆戴马克松汽车（Dymaxion）和一辆普拉特 - 惠特尼（Pratt-Whitney）私人飞机。其他样板家庭为模化金属建筑，配电子控制门及空气循环和空调装置。

“世纪的进步”世博会融浪漫主义、娱乐精神和乐观主义为一体，深受公众欢迎，主办者也赚得盆满钵满。在谈及展览会如何刺激经济发展及促进设计与技术的创新时，此次世博会频频被树为典范。

28–29 页图

克莱斯勒汽车大厦。霍拉伯德 – 罗德建筑事务所 /Holabird & Root 设计，展出了最新款的道奇、普利茅斯和克莱斯勒汽车。大楼高高的立柱和宽敞的陈列窗，令人联想到新型汽车的流线型美感。

30 页图

旅行与交通楼。设计师约翰·霍拉伯德（John A. Holabird）、爱德华·贝内特（Edward J. Bennett）和胡伯特·伯纳姆（Hubert Burnham）利用吊桥原理修建了穹顶。它既无需栋梁、支柱，也无需拱顶支撑，楼内畅通无阻，在当时乃是世界上一个屋顶之下面积最大的开阔地。

左图

1933 年 6 月 3 日《世博会周刊》封面。图中为世博会开放周画面。远处的灯柱发出灿烂的光芒，迎接涌入大厅的来宾。

Yerkes telescope that focuses the light from Arcturu
240,000,000,000,000, miles away.

32 页图

为了吸引游客，世博会主办方声称，威斯康星州叶凯士（Yerkes）天文台的望远镜收集了来自大角星的光源，将信号传输到芝加哥，以开启世博会的灯光。大角星距地球 40 光年，因而，理论上这些光源出发时正好是 1893 年芝加哥哥伦比亚纪念世博会举行之际。

左上图

凯克公司设计的“未来家庭”。它有 10 面墙，配以落地窗、电视、自动洗碗机和空调。房子两侧的车库停着一架私人飞机和巴克明斯特·富勒设计的戴马克松汽车。

左下图

西屋电气公司大楼以抽象的几何形体，让人忆及主题为“装饰艺术与现代工业”的 1925 年巴黎世博会。它展出了现代机车、发电机、飞艇和家用电器。

右图及 35 页图

空中缆车。约翰·罗布林父子公司（John Roebling & Sons）建造，采用奥的斯电梯。双层不锈钢车箱在湖泊和其他景物上空飞越而过，将游客从世博会一端运抵另一端。共有 12 辆流线型双层不锈钢火箭车（rocket car），每辆载客 36 人。空中缆车的支撑塔沿密歇根湖滨而建，长 1850 英尺，每辆车都吐着蒸汽，给人以自行驱动的感觉。

顶图

电气楼上的浮雕，题为“征服时间与空间”，切合本届世博会的乐观导向。

上图

史蒂倍克公司（Studebake）展出了世界上最大的汽车：超过 39 英尺高，内容一间拥有 80 个座位的剧场。

37 页图

纳什汽车楼在熠熠生辉的玻璃塔中展出了 16 辆汽车模型。塔内，这些汽车顺着一条传送带转动不息。

图下文字为：“这就是芝加哥世博会上著名的“纳什价值塔”。这是一座由平板玻璃建成的大楼，在高高的玻璃塔中，纳什 6 系和纳什 8 系汽车升升降降，昼夜往复，令人叹为观止 。”

ENDLESS CHAIN OF CARS

MOVING IN A TOWER OF GLASS

This is the famous "Nash Tower of Value" at the World's Fair in Chicago. A building of plate glass with a high glass tower in which Nash Sixes and Eights keep moving up and down, up and down, day and night. A dazzling spectacle.

上图

在电气楼展厅，消费者明白了“一分钱的电能为你做什么”。各种现代家电向游客展示了未来的种种便利。

下图

希拉姆 – 沃克酒业公司（Hiram Walker）馆，外形像一个流线型的酒瓶。它向密歇根湖北湖区伸入 400 英尺，里面有一个可容纳 3000 人的饭店和成套现场装瓶设施。

39 页图

迪 · 索托发动机公司（De Soto Motors）馆。简洁的弧线，令人联想到当时的汽车。

DE SOTO

1933
A CENTURY
OF PROGRESS
CHICAGO

40 页图

一枚银色和蓝色的纪念邮票，旋转的星球突出了本届展会的主题。

左图

雷蒙德 · 胡德设计的电气楼。正面浮雕的文字意为“光是一切的起点。”

左图

1933 年 5 月 20 日《世博会周刊》封面，将各地报纸剪接成一个世博会游客形状。

下图

道拉轮船公司（Dollar steamship Lines）的一份手册宣称，这届世博会“不仅是世界博览会，也是对世界本身的公平分享”。

43 页图

这是一间现代化的手术室，有宽敞的观察区和清洁的外观，医护人员正在演示手术技术。同时还在恒温箱中展出了新生儿。

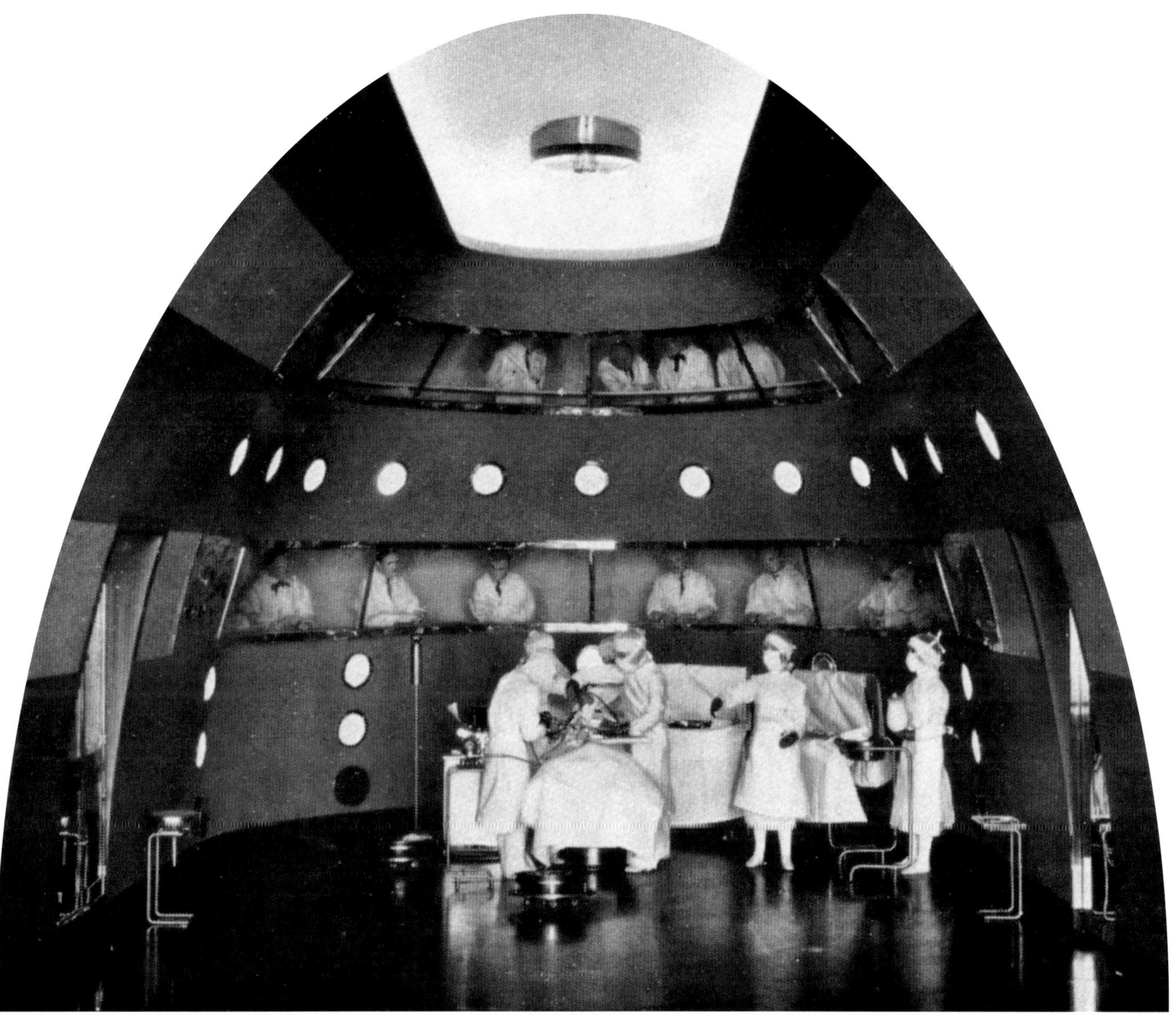

左图

休·费里斯（Hugh Ferris）设计的福特楼。展会结束后被拆除，迁移到密歇根的迪尔本（Dearborn）。

右图

联邦大楼的“三权塔”，代表美国政府的三权分立，即行政、立法和司法。

45 页图

芝加哥地面交通公司（Chicago Surface Lines）为该市带来了现代交通模式，包括电动公共汽车、电车等。

USE
CHICAGO SURFACE LINES

USE
CHICAGO SURFACE LINES

46 页图

游客在福特馆圆形大厅参观巨大的球体。

右图

社科楼。以浮雕装饰，入口上方为弧形艺术塔门。

上图
空中缆车成为此届世博会的象征。

49 页图
1934 年的一本指南。图中为本届世博会的旋转光束及约瑟夫·厄班专为第二年设计的深饱和色谱。

OFFICIAL
Guide BOOK
WORLD'S
FAIR
1934
PRICE
25¢

巴黎世博会1937年

巴黎共举办了5届世博会，1937年是最后一届，它留给世人最深的印象，是预示着冲突的即将来临。在命名时，筹办方刻意决定创办一届“国际性”而非“普遍性”的博览会。这届盛会，科技和艺术等理想主义的共同价值观光环不再，国家风采与国际关系成为潜台词，而世博会的特点从此得以改变。

也许，正是这次世博会首次让人注意到了纳粹德国馆与苏联馆之间的紧张关系。主办方将苏联馆安排在德国馆正对面，造成了这两个意识形态敌手之间的直接对峙。德国馆由阿尔伯特·斯皮尔设计，高500英尺石，馆的顶端有一只鹰用巨爪抓着纳粹的“卍”字标志。苏联馆由鲍里斯·约凡设计，他是苏维埃宫的设计师之一。这座雄伟的苏联馆顶部，是一名男性工人和女性农民拿着镰刀斧头的雕像。历史学家推测，斯皮尔发现了约凡的图样，便如此设计了德国馆来对与雕像相对抗。斯皮尔和约凡两人都因各自的设计获得了金质奖章。

约瑟·路易·塞特（Jose Luis Sert）所设计的西班牙馆，虽然不如那么咄咄逼人和雄伟壮观，也同样引起争议。由于西班牙饱受内战之苦，西班牙馆展出了胡安·米罗（Joan Miro）的《死神》(the Reaper）和毕加索的《格尼卡》两幅画作。它们色调低沉，让人想起战争悲剧，以最为感人的形象描述了内战与冲突。

在1925年巴黎世博会上，勒·柯布西耶因新精神馆名声大噪，但1937年巴黎世博会却被禁参与。尽管如此，他仍在一群追随者的协助下，在展会入口处举办了自己的展览，展出了未来理想城市的规划与模型。这种挑战行为，反倒让勒·柯布西耶更加声誉鹊起。

其他展馆引起的争议要少些。奥杜尔－哈特维希－杰罗地亚斯公司（Audoul, Hartwig & Gerodias）设计的航空馆外形像一座飞机库，让人想起机群的飞行。阿尔瓦·阿尔托（Alvar Aalto）设计的芬兰馆用结实的木柱支撑。而模拟村庄和人种真人秀，则展出了许多参与国的殖民地。美国和捷克斯洛伐克展出了精致的玻璃塔。日本建筑师坂仓准三其时就职于勒·柯布西耶的巴黎办事处，他率先用天然原料建起了有悖西方建筑传统的日本馆。展会结束不久，众多设计师和艺术家付出巨大努力的心血之作行将被拆除：不过两年后，巴黎也将被纳粹德国占领，此后，巴黎也再也没有举办过世博会。

51 页图

1937 年巴黎世博会的早期概念性设计，设计师为安德列·梅尔（Andre Maire）。图中为塞纳河上的小船，背景为埃菲尔铁塔。

上图

航空馆巨大的主厅外形就像一个飞机库。底座上飞机的星形发动机作为现代雕塑品被展出。中心，巨大的铝环象征着土星环，环绕着一架 Pontex 63 型战斗机。法国画家罗伯特·德洛内（Robert Delaunay）和索妮娅·德洛内（Sonia Delaunay）设计了土星环，航空馆由法国设计师阿尔弗雷德·奥多尔（Alfred Audoul）、勒内·哈特维格（Rene Hartwig）及杰克·格罗迪亚斯（Jack Gerodias）联袂设计。

53 页上图

透过航空馆正面宽敞的玻璃幕墙，可以看到里面悬空的 Pontex 63 型战斗机。

53 页下图

航空馆与展会其他古典建筑形成鲜明的对比。

PHOTO CINE

TCHECOSLOVAQUIE
N-URQUELL

54 页左图

游人驻足观看电影楼的幻灯影片装饰和豪华台阶。

55 页右图

捷克斯洛伐克馆。克雷斯卡尔(Kreskar）设计，仿佛漂浮在展馆上空。正面为磨砂玻璃，无线电塔。

56 页图

天象屋顶让人联想起大气层的曲线和埃提恩—路易·布雷设计的牛顿纪念堂。

左图

发现宫，以展出庞大的静电起电机闻名。

CANADA

58 页图
加拿大馆。令人联想到加拿大国内随处可见的朴实谷仓。

右图
一只石雕巨鹰盘踞在德国馆立柱顶部，鹰爪抓着一个“卍”字。其正对面即是同样雄伟的苏联馆。这象征着两个意识形态对立的国家之间的对峙。

纽约世博会

1939/1940 年

1935 年，美国经济深陷萧条。在纽约，以罗伯特·摩斯和格罗佛·华伦（Grover Whalen）为首的政界和商界人士决定举办一次国际性博览会，以促进当地经济的发展。1933 年芝加哥世博会的广泛成功，被他们引为典范。主办者将地点选在纽约皇后区法拉盛草地公园，着手计划如何向美国人呈现一个展望未来的窗口。“建设明天的世界”被正式定为主题，全球 60 个国家和美国 24 个州同意参展。

最终，在法拉盛草地公园，世界各地、美国各州、多家公司和主办方共搭建了一百多个展馆。展会持续的两个季节期间，4500 多万人前往皇后区，欣赏未来奇迹。

作为展会主打作品，主办方竖起

了一个高达700英尺的三角尖塔和一个巨大的圆球。长达900英尺的螺旋坡状通道将两者连为一体。游客可以登上坡道进入球体，在那里参观名为“民主城市”的展览。“民主城市”展的设计师亨利·德雷福斯（Henry Dreyfuss）设想了一个大都会构成的世界，各大城市间由先进的交通网络连接。在通用汽车馆，诺尔曼·贝尔·格迪斯（Norman Bel Geddes）所设计的“未来”展和未来通行方式，将这一概念更向前推进一步。他提出了一种无边际限制的网络，由高速公路网络和广阔的郊区构成。尽管当时这些只是预言，但“民主城市”和“未来”展，都像它们所在的展馆本身一样令人耳目一新。福特楼则展出了壮观的螺旋坡道，36辆汽车不断上上下下，象征着通往明天之路。

通过鼓励创新点子和创新展览，此次博览会展示了勇于尝试的时代精神及美国卓越的设计能力。著名的设计师有雷蒙德·洛伊（Raymond Loewy）、沃尔特·道文·提戈（Walter Dorwin Teague）、鲁塞尔·赖特（Russel Wright）和唐纳德·德斯基（Donald Deskey），他们的作品既有最新式的削笔刀，也有最炫目的双层飞机。这届世博会展出了一台最早的电视机，一台键盘操作的语音合成器，一台流线型克莱斯勒Airflow汽车，以及能说话、能用手指数数的机器人Elektro。这些发明，既有如今日常所用，也有离奇之作，均向公众展示了明日世界的潜力。

主办方还为未来的世人埋设了5000年后打开的时间胶囊。当人们在6939年打开它时，会找到阿尔伯特·爱因斯坦和诺贝尔文学奖得主托马斯·曼（Thomas Mann）的亲笔书信，一包骆驼牌香烟，一个丘比特娃娃以及成百上千万页文本的微缩胶片。

博览会第二年，二战爆发，几个国家馆不再开放，其中包括苏联馆。恐怖分子袭击了英国馆，两名警察身亡，英国馆被迫关闭。尽管最初深受欢迎，但世界局势干扰和破坏了世博会原本的乐观与欢快色彩。在长达18年之后，人们才迎来又一届世界博览会。

60 页和 61 页图

高达 700 英尺的三角尖塔和圆球，华莱士 · 哈里森（Wallace K. Harrison）和安德列 · 富尤（J. Andre Fouilhoux）设计，成为 1939 年纽约世博会不朽的象征。螺旋坡道绕三角尖塔和圆球，将游客输送到圆球里的“民主城市”。“民主城市”由亨利 · 德雷福斯设计，畅想了一个由新型交通网络连接的巨型都会构成的世界。

上图

早期提议的三角尖塔和圆球。

上图
斯基德摩尔（Skidmore）和欧文斯（Owings）用不锈钢设计的斯威夫特肉品公司（Swift Meat）馆。

65 页图
纪念邮票。

NEW YORK WORLD'S FAIR
19
39
RODMAN STREET WALK

NEW YORK WORLD'S FAIR
19
39
ADMINISTRATION BUILDING

NEW YORK WORLD'S FAIR
19
39
FOOD NO. 3 BUILDING

NEW YORK WORLD'S FAIR
19
39
PRODUCTION AND DISTRIBUTION BUILDING

NEW YORK WORLD'S FAIR
19
39
MITHRANA

NEW YORK WORLD'S FAIR
19
39
HOME FURNISHINGS BUILDING

NEW YORK WORLD'S FAIR
19
39
TEXTILES BUILDING

NEW YORK WORLD'S FAIR
19
39
PALESTINE PAVILION

NEW YORK WORLD'S FAIR
19
39
DUPONT BUILDING

NEW YORK WORLD'S FAIR
19
39
AVIATION

NEW YORK WORLD'S FAIR
19
39
JAMES EARLE FRASER
STATUE OF GEORGE WASHINGTON

NEW YORK WORLD'S FAIR
19
39
ADMIRAL BYRD'S PENGUIN ISLAND

NEW YORK WORLD'S FAIR
19
39
VIEW OF THE COURT OF STATES

NEW YORK WORLD'S FAIR
19
39
ELECTRICAL PRODUCTS BUILDING

NEW YORK WORLD'S FAIR
19
39
Y. M. C. A. BUILDING

NEW YORK WORLD'S FAIR
19
39
PERISPHERE AND TRYLON

NEW YORK WORLD'S FAIR
19
39
HORTICULTURAL EXHIBIT

NEW YORK WORLD'S FAIR
19
39
RADIO CORPORATION OF AMERICA BUILDING

NEW YORK WORLD'S FAIR
19
39
CONSUMERS BUILDING

NEW YORK WORLD'S FAIR
19
39
GAS INDUSTRIES BUILDING

NEW YORK WORLD'S FAIR
19
39
FORD BUILDING

左图
通用电气公司展出的电力塔。

67 页图
“沃尔特·道文·提戈预测，未来人类将近乎裸体。有了中央空调和更加强健的体魄，人类穿的衣服会少之又少。”

——《时尚》杂志，
1939 年 2 月 1 日

提戈在这条裙子中采用了玻璃纸和不透明的“Teca”纤维，鞋子则由杜邦透明合成树脂制成。

6

68 页图

“亨利 · 德雷福斯设计的 2000 年娃娃……女人在夜晚仍然想成为娃娃……一透明的网状发髻和石头装饰的手镯。她的小风扇 一个粉盒与风扇的巧妙结合

——《时尚》杂志，1939 年 2 月 1 日

下图

铁路馆外面的纽约中央 J-3 哈德森蒸气机车。亨利 · 德雷福斯设计。

右图

向可能参展的国家和公司展示的 1936 年纽约世博会构想图。

70–71 页图

据一则媒体报导，雷蒙德 · 洛伊的火箭船“既戏剧性又切合实际地预测了火箭飞船的远距离高速旅行”。 火箭船的原理，是压缩空气系统向太空发射物体。该文详细报道称，事实证明，可以“通过火箭经过平流层越洋旅行”。

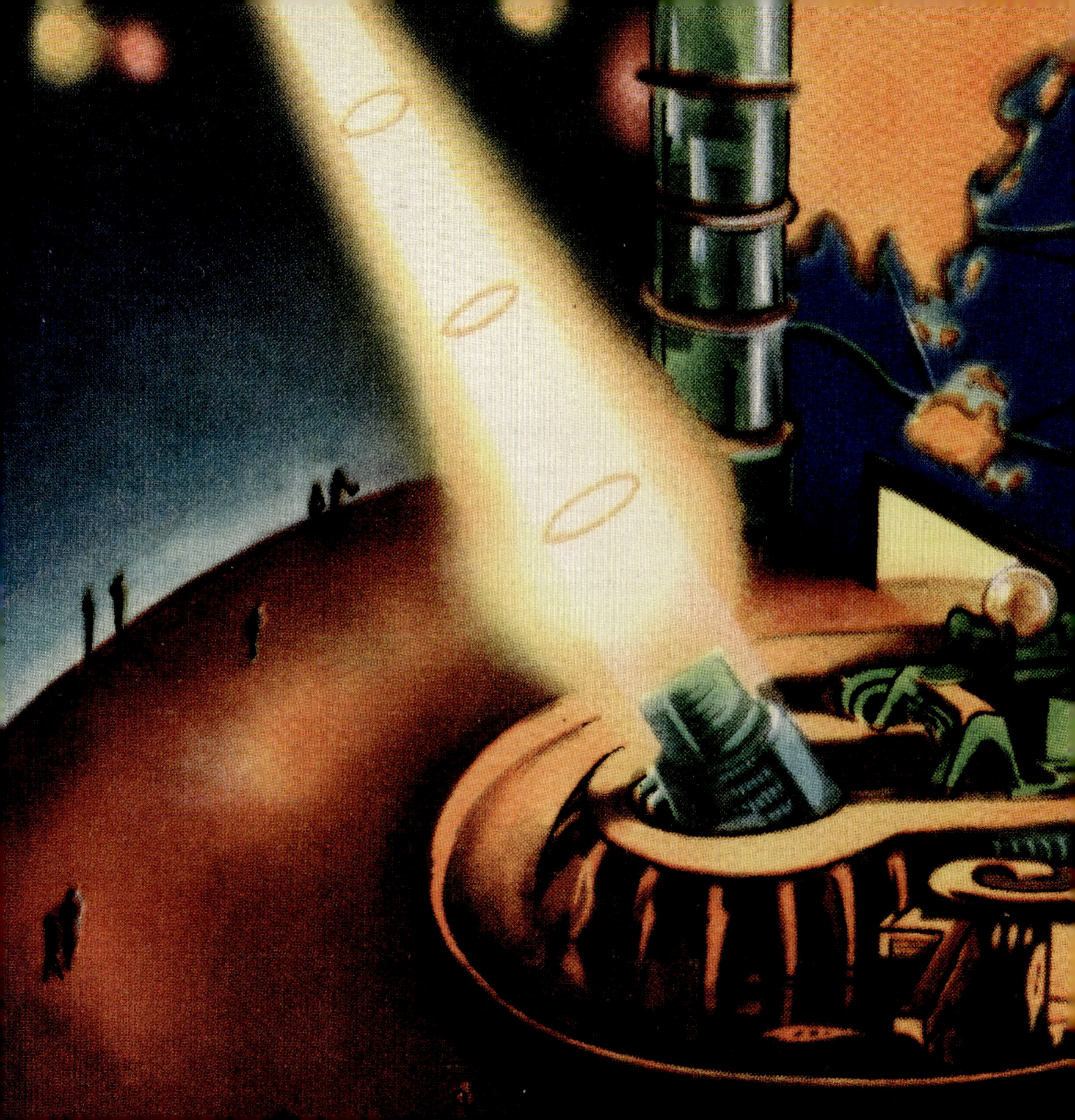

左图

克莱斯勒汽车公司 1940 年的宣传册，图中为火箭船，一次演出可容纳 1000 人。

73 页图

唐纳德 · 德斯基（Donald Deskey），无线城市音乐厅室内设计师，他设计了通信厅及其图案。

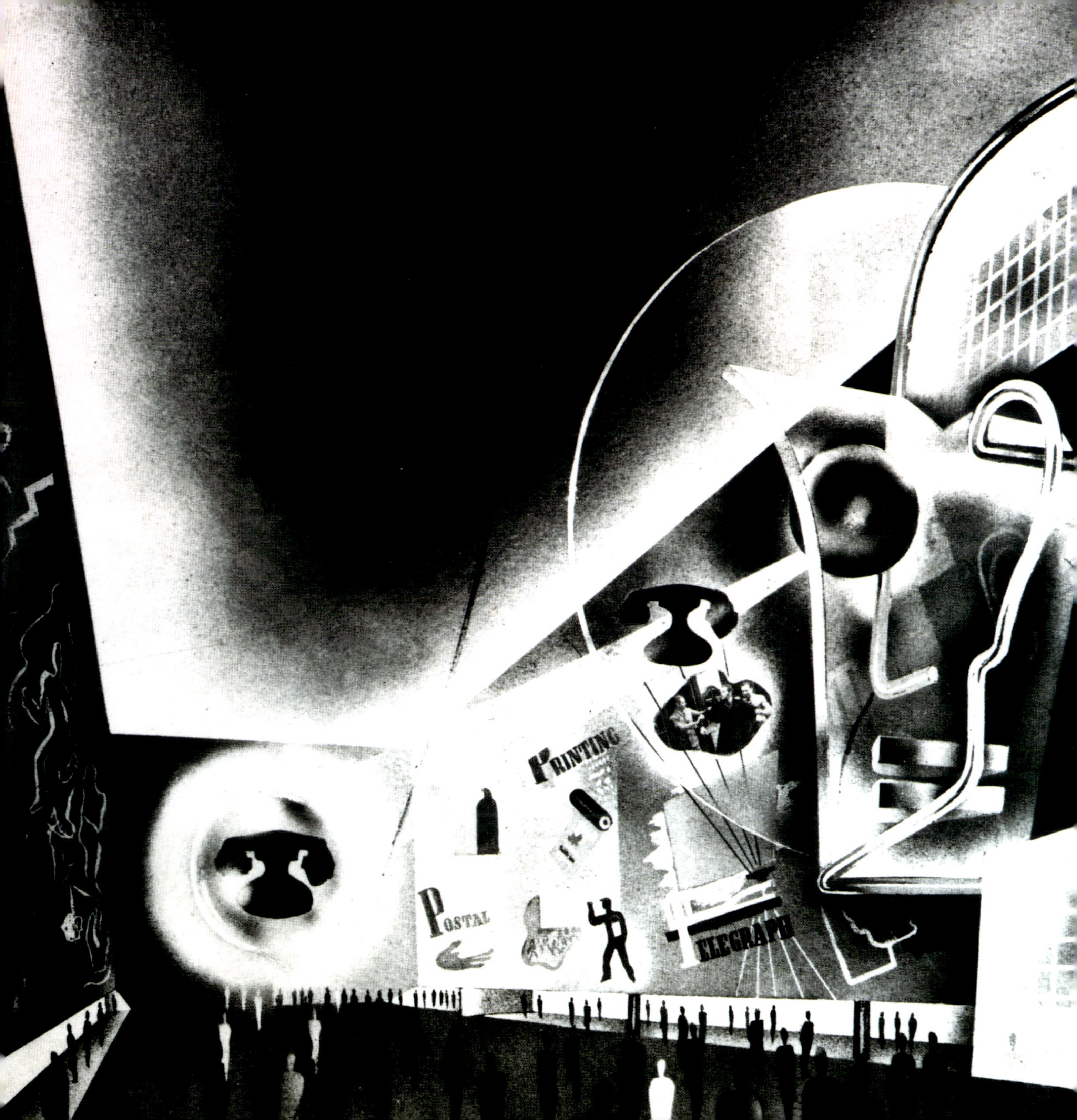
PRINTING
POSTAL
ELEGRAPH

上图

西屋电气楼，斯基德摩尔和欧文斯设计，展示了机械学和电气学的最新技术。中央 150 英尺的高塔标志着此地埋藏着时间胶囊。

75 页图

通用汽车公司负责研发的副总裁查尔斯·凯特灵（Charles F. Kettering）出现在后面被称为“可视电话”的屏幕上。通过这种率先在美国问世的新装置，欧内斯特·福斯（Ernest L. Foss）可以看见通话的人。这种电话在这届世博会“通用汽车研究成果预览”展台上展出。

76 页图

在圆球内部是亨利•德雷福斯设计的“民主城市”，游客可俯瞰巨大的立体布景，包括一个高层商业中心，“Millvilles”中的工业以及在“Pleasantvilles”的草木环绕的人类生活。高架公路将其中的各个城市连为一体。

左图

美国钢铁公司楼的展览，宣传了对钢铁的许多创新利用。这座楼由沃尔特·道文·提戈设计，建筑师约克（York）和索耶（Sawyer）负责修建，不锈钢半球形状，钢结构系统，雄伟壮观。

下图

三角尖塔和圆球。

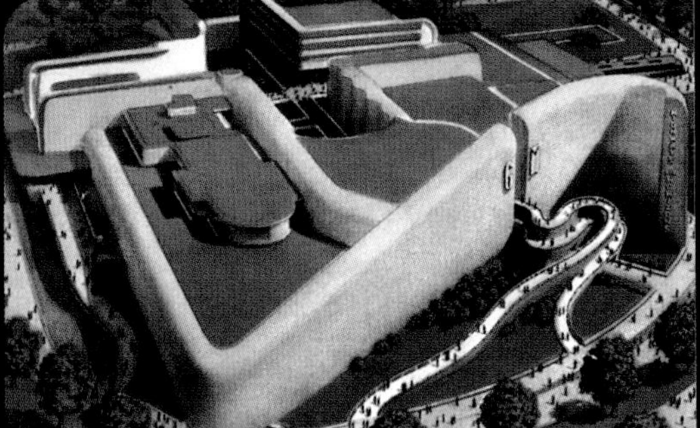

78–79 页图

在通用汽车公司“未来展”，游客坐在持续运转、设备精良的椅子上，参观诺尔曼 · 贝尔 · 格迪斯所设计的 1960 年美国模型。

左图

通用汽车馆的“未来展”在展会上最受欢迎。输送线源源不断地蜿蜒而上，游客获赠印有“我看到了未来”的纽扣。

上图

通用汽车馆，阿尔伯特 · 卡恩（Albert Kahn）设计，室内由诺尔曼 · 贝尔 · 格迪斯设计。

81 页图

唐纳德 · 德斯基所提议的勒克斯剧院（Trans-Lux），采用了不锈钢和霓虹灯。
勒克斯剧院入口设计，1939 年纽约世博会。

TRANS-LUX
TRANS-LUX

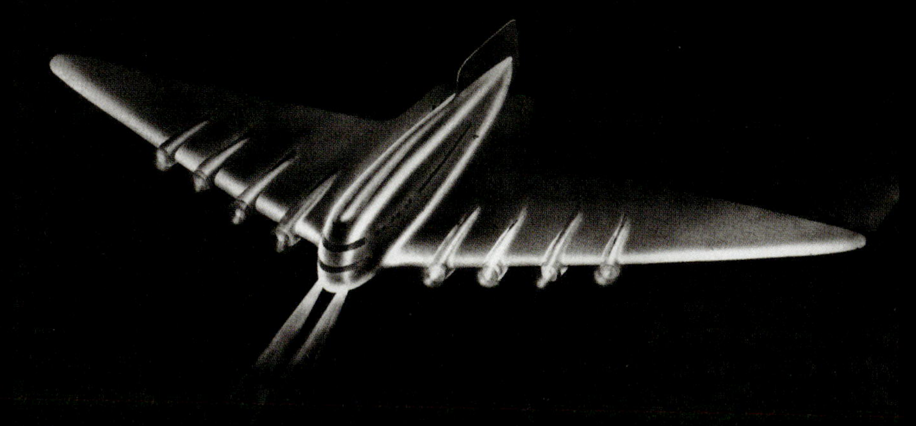

82 页图

与奇迹面包公司（Wonder Bread）相呼应，大陆烘焙公司（Continental Baking Company）楼饰以色彩斑斓的圆扣。

右上图

“更快捷、更安全、更有力！”八引擎双层未来飞机，成为交通楼的焦点。雷蒙德·洛伊设计。

右下图

威廉•莱斯卡茨 (William Lescaze) 提议的航空馆。

84 页图

1936 年的一项提议，设想了搭载游客的多层坡道。

右图

“吉尔伯特·罗德（Gilbert Rhode）舍弃了纽扣、口袋、衣领和领带。这位曾经设计了锅炉、钢琴、钟和金属家具的设计师表示，下一个世纪的人类将不会刮胡子，而是留下漂亮的胡子。他们的帽子将是一个天线，接收以太空间的无线电波。他们穿的袜子是一次性的，衣服将不再有领子和纽扣。”

——《时尚》杂志，1939 年 2 月 1 日

OMORROW

86 页图

未来的女性。她身穿透明塑料衣服，张开双臂迎接未来。

右图

伸开五指欢迎游客的机器人。

DUPONT
DU PONT
WONDER WORLD OF CHEMISTRY
DU PO

88 页图
"通过化学……实现更加美好的生活。"杜邦公司馆是一个 105 英尺的彩色高塔，令人联想到儿童的化学小盒子。夜间，变幻的灯光宛若化学药品产生的泡泡。馆内展出了纺尼龙线，这是此届世博会上一项重要的新发明。沃尔特·道文·提戈与哈珀（R.J. Harper）和埃里克森（A.M. Erickson）共同设计了这座高塔。

右图
发明楼。正面略呈弧形，金属质地。它展现了时代的探索精神与美国设计的进步。

上图
“未来小姐”贝蒂·克莱恩（Betty Crain）身穿“合成玻璃”制作的透明沙滩服，将一辆流线型汽车模型递交到纽约世博会董事会主席哈维·吉布森（Harvey Gibson）手中。

91 页图
罗伯特·福斯特为福特公司设计的一尊抽象钢质雕塑。塑像是一个长着翅膀的信使，手持一个 V 字和 8 字，旨在宣传新型强力引擎。

FOR
MERCURY LINCOLN-ZE

罗马世博会 1942年

1942年世博会的筹划，墨索里尼进行了直接参与。当时，意大利踌躇满志，其中的一项内容，就是计划在罗马西南建立一个新的卫星城。这一届世博会，旨在纪念法西斯在意大利统治20周年，同时也是展示罗马辉煌的过去和未来。它被称为罗马世博会（EUR）。二战爆发，展会被推迟，墨索里尼政府垮台后被取消。

这项大胆的计划，是首席设计师马尔切洛•皮亚森蒂尼(Marcello Piacentini)与墨索里尼联合制订的。它提议修建一座理想的城市，里面充满现代版的古老罗马建筑。这些建筑将采用现代材料，几何形状更加“纯粹”，其规模和目的，将映射古罗马富有神话色彩的建筑。大多数基础设施和部分重要建筑在战争爆发前即已竣工，其中包括意大利文明宫和罗马文明博物馆。意大利文明宫饰以拱门，基本上就是方形版的古罗马圆形大剧场。而罗马博物馆则是对罗马帝国时期一处建筑的现代演绎，拥有高达40英尺的钙华柱和带天窗的美术厅。最初曾提议建立纪念无线电

报发明人古列尔莫•马可尼（Guglielmo Marconi）的方尖塔，但没有修建。而阿德尔伯特•利伯拉还曾计划修建一道富有寓意的巨型拱门，作为此届世博会的象征。尽管它从未完成，却出现在宣传海报和明信片上。拟修建的这道拱门与埃罗•沙里宁（Eero Saarinen）后来所设计的大拱门惊人的相似。据历史学家托马斯•舒马赫（Thomas Schumacher）称，利伯拉在看到拱门的设计后大为光火，威胁将起诉沙里宁。西萨尔•帕斯科勒蒂（Cesare Pascoletti）还曾提议修建一道拱门来纪念法西斯。罗马世博会展区的威风凛凛，也许正解释了这座卫星城为什么从未得到充分发展，甚至时至今日仍是罗马一处冷清的郊区。

世博会筹备期间，意大利建筑设计月刊《卡萨贝拉》(Casabella）编辑曾批评首席设计师帕斯科勒蒂是“跳梁小丑”，是为了出尽“最荒诞不经的风头”而置品味于不顾。尽管这届世博会从未实现墨索里尼与帕斯科勒蒂的构想，也许“荒诞不经”，然而，罗马世博会展区仍是世博会历史上最雄心勃勃的规划之一。

90 页图

罗马世博会展区采用雄伟的古典形式与“纯粹的”几何形状，旨在反映古罗马的辉煌。

91 页图

意大利文明宫，通常被称作“方形大剧场”。设计师为乔瓦尼·格利尼（Giovanni Guerrini）、厄内斯托·布鲁诺·拉帕杜拉（Ernesto Bruno La Padula）和马里奥·罗马诺（Mario Romano）。

94–95 页图

皮尔·奈尔维（Pier Luigi Nervi）提议的设计。这位意大利建筑设计师和工程师以混凝土创新结构闻名。

布鲁塞尔世博会 1958年

历经二战破坏之后，1958 年举办的布鲁塞尔世博会，象征着国际性博览会的回归，也象征着艺术与设计的突破以及全球的日趋稳定。此届世博会的主题是“创造人类的世界”（有关资料均为“科学、文明和人性”—译注），它增进了各国之间的和平友好，促进了对科技进步的信奉、艺术与设计的创新，也在总体上强化了对现代社会的乐观态度。本届世博会持续时间虽然只有短短 6 个月，却吸引了 4200 万人前来参观，创作了众多前卫的艺术与设计作品。

原子球屹立展区，成为本届世博会的标志性建筑。它高达 335 英尺，共有 9 个直径为 60 英尺的铝球，整体是放大 1650 亿倍的 α 铁的正方体晶体结构。通过顶层圆球四周的窗户，游客可以鸟瞰世博会全景及布鲁塞尔市的优美景色。另 8 个圆球内均有展览，连接各球的空心管中的自动电梯，可以将游客输送到其他圆球内参观。布鲁塞尔世博会的原子球由比利时工程师安德烈·沃特金与让·波拉克、安德烈·波拉克联合设计，在展会结束后便不复存在，但由于它如此深受欢迎，布鲁塞尔市政官员决定将原子球作为城市象征。如今，它已成为比利时的国家象征，并在 2006 年得到改进。

各个展馆也纷纷采用创新的结构与材料。美国馆就像一只巨型飞碟，是当时全世界最大的圆形建筑。民用工程馆则有一只混凝土的悬臂。吉拉姆·吉莱特（Guillaume Gillet）、勒内·萨金特（Rene Sargent）和让·普鲁韦（Jean Prouve）所设计的法国馆标新立异，采用了双翼立体架构。勒·柯布西耶和伊安尼斯·泽纳基斯（Iannis Xenakis）设计的飞利普馆，则是一座钢缆和混凝土交织成的杰作。它有 12 个双曲抛物线，完全由钢缆和一层薄薄的混凝土板构成。作曲家埃德加·瓦雷兹（Edgar Varese）专门谱写了《电子音诗》一曲，在馆内用 425 个扩音器播放。当时，这首乐曲颇不受欢迎，但却极大影响了后来的许多作曲家和音乐家。勒·柯布西耶试验了混凝土的塑性，激发一代又一代人效仿，而飞利普馆的创新结构也一次次被复制。《电子音诗》被视为现代电子音乐的先驱。而当时却由于极不受欢迎，在世博会闭幕次日，这些扩音器便连同飞利普馆被悉数拆毁。人们再也不能在壮观的飞利普馆听到《电子音诗》，委实遗憾。

世博会充满吸引力，令人渴望，部分便在于它的昙花一现。和飞利馆及《电子音诗》一样，它们往往会消失得无影无踪，只留下照片和记忆。而另一方面，这届短暂的国际博览会，却为建筑师、设计师、作曲家和艺术家提供了大量自由尝试空间，为公众带来了革命性的艺术与设计。1958 年世博会，仅有原子球尚存，但勒·柯布西耶、瓦雷兹和其他众多艺术家和设计师的创新作品，却一直影响着现代艺术家、作曲家和设计师。

96 页图

原子球作为城市象征，如今在布鲁塞尔深受喜爱。

98 页图

飞利普馆有 12 根双曲抛物线缆，没有任何支柱。勒 · 柯布西耶和伊安尼斯 · 泽纳基斯设计，用紧拉的钢缆和一层薄薄的混凝土板构成。

99 页图

埃德加 · 瓦雷兹专门谱写了《电子音诗》一曲，在飞利普馆内用 425 个扩音器播放。游客一边欣赏瓦雷兹的音乐，一边观看核爆炸的影片。作为现代电子音乐的先驱作品之一，《电子音诗》是随机的电子声音与“具体音乐”的组合。

左图

335 英尺高的原子球四周烟花盛开。原子球是 1958 年布鲁塞尔世博会的主打作品。它是放大 1650 亿倍的 α 铁正方体晶体结构，至今仍是布鲁塞尔的标志，深受欢迎。

101 页图

从原子球内部，游客可以俯瞰世博会全景。

上图
埃贡·埃尔曼设计的德国馆。

下左图
五角星是本届世博会的标志。每个角代表一个洲。

下右图
1958 年的邮票，画面为绕地球旋转的人造卫星。

103 页图
世博会结束之后，勒·柯布西耶设计的飞利普馆即被拆除。

104 页图

作为当时全球最大的圆形建筑，美国馆旨在展示开放和热情的美国社会。该馆由爱德华·杜雷尔·斯通（Edward Durell Stone）设计，呈巨大的多边形结构，共有 36 个面。

上图

根据雕塑家雅克·莫沙尔（Jacques Moeschal）的理念，设计师范·杜塞拉尔（J.Van Doosselaere）和工程师帕杜亚特（A. Paduart）设计了高耸入云的混凝土质民用工程馆。

上图
洛布及合伙人（H. Lobb & Partners）、拉特克利夫（J.Ratcliff）和加德纳（J. Gardner）共同设计的英国馆。

右图
比利时邮票，图中为原子球和比荷卢馆。

107 页图
在美国馆中心，两个直径均为 20 米的圆形架构被分开 8.5 米，通过 100 多条钢缆与主体连接。馆顶部有一个开口，用来为内部游泳池收集雨水。

莫斯科美国国家博览会 1959年

在莫斯科举办的美国国家博览会，由美国新闻总署（USIA）一手操办并运到莫斯科，旨在展示美国的生活方式和美国人民的表达自由。具有讽刺意味的是，在众多科技和文化展中一枝独秀的这届美国艺术展，差点因众议院非美国活动委员会主席弗朗西斯·沃特（Francis Wlater）的干涉而流产。他指责，一半以上的艺术家都是同情共产主义的。沃特甚至还举行了国会听证，力图阻挠在莫斯科举办艺术展。他遭到了失败，然而，他的企图，却破坏了美国人将自己描绘成自由拥护者的努力。

此次展会的主打作品，是巴克明斯特·富勒所设计的网格穹顶。穹顶内，七个尺寸为20×30英尺的屏幕放映着一部电影，它由查尔斯·埃姆斯（Charles Eames）和雷·埃姆斯（Ray Eames）出品，名叫《美国印象》，描绘了美国的一天，里面有2200多个年

龄各异的人物以及各色的建筑物、科技和汽车。这是首次使用多银幕放映的电影之一，查尔斯·埃姆斯后来表示，：“多银幕放映……不仅仅是一种技巧；它是在利用所有观众的感觉。多银幕所强化的效果，使美国故事显得令人置信。”

在冷战最紧张之际举办的莫斯科展，上演了美国副总统理查德·尼克松与苏联最高领袖赫鲁晓夫之间著名的“厨房辩论”。此次辩论发生在一套典型美国住宅的厨房中，这套住房展示了美国各种最新式的家庭用品。公开的讨论，表面上是有关美国人的日常生活，但鉴于两个超级大国之间的紧张关系，辩论逐渐升温。

尽管无论从任何传统意义上看，美国国家博览会都算不上世博会，但是，它却是冷战时期博览会的象征。炫耀实力与国家竞争，盖过了科技与艺术的进步的重要性。艺术展览几乎被省掉，埃姆斯的多银幕放映电影是美国新闻总署资助，甚至在看来毫无感情色彩的样板厨房内，世界领导人还剑拔弩张地讨论了资本主义和共产主义孰优孰劣。

108 页图

在巴克明斯特·富勒设计的网格穹顶内，七个尺寸为 20 X 30 英尺的银屏上演着一部由查尔斯·埃姆斯和雷·埃姆斯出品的电影。

上图

一份展览小册子。画面为人造地球卫星密封舱。

1962年

西雅图世博会，也被称为“21世纪博览会”，它让游客和西雅图市民看到了未来。展会筹办方一直在寻找主题，恰逢此时，苏联人造地球卫星在1957年升空。这是美苏两国空间竞赛的开端，突然之间，科技和空间时代成为国家纠结的主题。这届世博会便以“宇宙时代的人类”为主题，是二战后首次在美国举办的世博会，在短短6个月时间，就吸引了近1000万游客。

从政治领导人到中小学生，太空竞

西雅图世博会

赛占据了每一名美国人的心，而“21世纪博览会”则被视作炫耀美国科技进步的理想场所。苏联展出了人造卫星，美国航空航天局则在自己的展馆里展出了友谊7号航天舱。福特汽车、波音等公司纷纷推出以空间为主题的展览。福特推出了“太空探险”，波音公司的展馆名为“太空馆”，它带着游客进行了一次奇妙的太空之旅，时间为10分钟。“明日世界”展览由唐纳德·德斯基（Donald Deskey）设计，也许它的入口最引人入胜：游客通过一个可乘坐100人的透明球形升降梯（名叫Bubbleator）进入展厅。在祖籍日本的美国建筑师山崎实（Minoru Yamasaki）设计的美国太空馆，查尔斯和雷·埃姆斯的电影《科学屋》颇为惹眼。公众对科学与太空的兴趣空前浓厚，而参展方则卖力向游客展示科学的未来前景。

21世纪博览会不仅面向未来，对西雅图的基础设施和景像也产生了现实的效果。太空针塔和单轨电车等持久的西雅图标志应运而生。此次世博会会址距西雅图市中心一英里多，筹备方委托瑞典制造商阿尔维格快速交通系统公司（Alweg Rapid Transit Systems）修建了一条长1.3英里的单轨电车线路，在市区输送游客。一些筹办人员曾经设想，在展会后将这条线路在整个区域延长。太空针塔耸立会馆上空，高达605英尺。当时，它是芝加哥以西最高的建筑，很快成为西雅图市的市标。

本届展会主席乔·甘迪（Joe Gandy）在谈及展会对西雅图市的影响时表示：“（展会）再次激发了市民的精神……从灰烬中建立社区的精神，移山扩湖扩水道的精神，将自己的商业传向全世界的精神。”21世纪博览会宣布了西雅图崛起为美国的重要城市，将美国的目光投向太空时代，引领西雅图走向未来。

111页图
西雅图世博会委员会主席爱德华·卡尔森（Edward Carlson）访问斯图加特时在该市一家餐馆用餐。受该市风光及这座塔的象征意义影响，卡尔森决定，西雅图世博会需要一家类似的“空中饭店”。建筑师约翰·格雷厄姆（John Graham）受聘设计了西雅图太空针塔，部分原因是他曾经在檀香山的一家旋转餐厅用餐。

112-113页左图
在山崎实所设计的美国科技馆，六座互相连接的建筑形成U形铝质拱顶。山崎实最著名的作品也许就是纽约世界贸易中心。

113页中图
太空针塔图纸

113页右图
太空针塔切面图

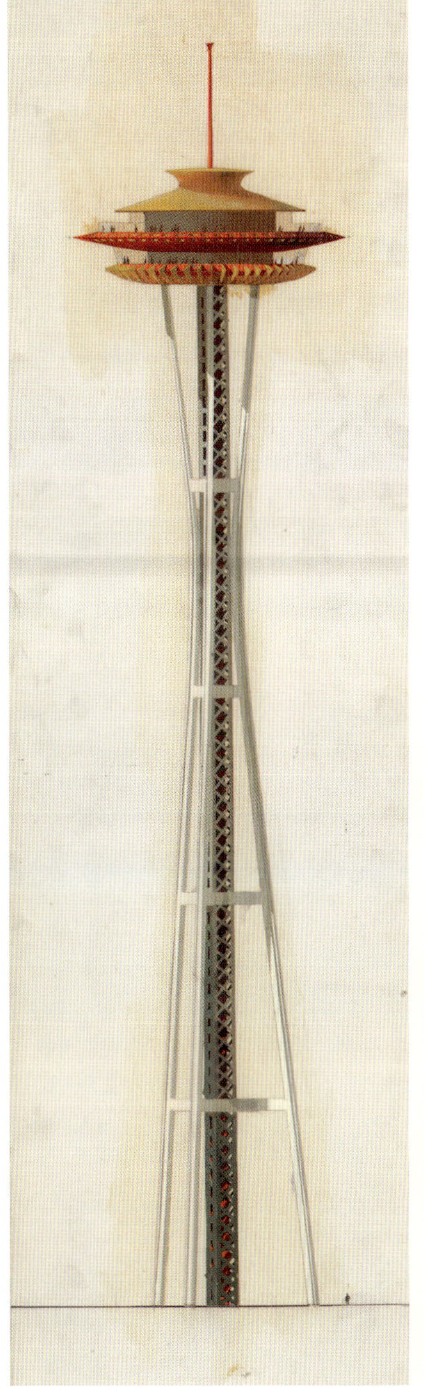

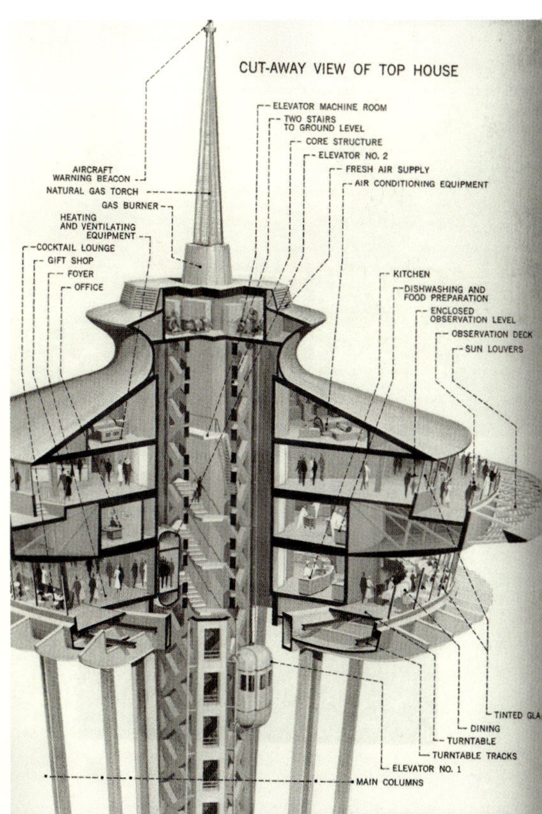
CUT-AWAY VIEW OF TOP HOUSE
ELEVATOR MACHINE ROOM
TWO STAIRS TO GROUND LEVEL
CORE STRUCTURE
ELEVATOR NO. 2
FRESH AIR SUPPLY
AIR CONDITIONING EQUIPMENT
AIRCRAFT WARNING BEACON
NATURAL GAS TORCH
GAS BURNER
HEATING AND VENTILATING EQUIPMENT
COCKTAIL LOUNGE
GIFT SHOP
FOYER
OFFICE
KITCHEN
DISHWASHING AND FOOD PREPARATION
ENCLOSED OBSERVATION LEVEL
OBSERVATION DECK
SUN LOUVERS
TINTED GLA
DINING
TURNTABLE
TURNTABLE TRACKS
ELEVATOR NO. 1
MAIN COLUMNS

bells on
HiGH-Fi
Memorable Music played on
World's largest Carillon
The 538 Bell Schulmerich
"Carillon Americana"® Bells
Instrument by John Klein

114 页图
唐纳德·德斯基所设计展馆的早期模型，图中为像“悬浮城市”般悬挂的立方体。

115 页图
巨大的气泡型液压升降机，可同时容纳 100 名游客进入“明日世界”展厅。

116 页图
一个每分钟转 45 圈的唱片套，图像为太空针塔，背景是西雅图市中心。

上图
唐纳德·德斯基联合公司设想了一个具有室内单轨电车的“21 世纪”城市。

左图
通用汽车公司火鸟 III 型汽车，与其说是汽车，更像一枚火箭。乘客区上方的塑料战斗机顶盖限制了风阻，巨大的飞机尾翼改变着气流方向。

左图

美国邮政总署的一枚四美分邮票，单轨电车正穿越太空尖塔。

右图

一名展会讲解员在美国科技馆解释一颗放大的DNA 分子模型。

119 页图

唐纳德 · 德斯基联合公司的复制品，升降梯 Bubbleator 正靠近“明日世界”展览。

URY
21

120-121 页图

福特公司“太空探险”展馆中最吸引人的，是乘坐一架宇宙飞船模拟太空之旅。游客可以从自己的“飞行座椅”上观看栩栩如生的卫星模型、地球、月球和其他卫星。

右上及右下图

太空针塔和美国科技馆装饰着各种纪念品，既有纸板火柴，也有海报。

下图
美国科技馆播放的三维节目中绕轨道运行的卫星和遥远的宇宙。

123 页图
游客在美国科技馆中观看火箭推进器。大部分真正的机械装置未向游客展示，以防重要技术秘密泄露给敌对国家。

洛桑博览会 1964年

“本世纪最美的展会 - 洛桑国家博览会……是艺术工程的典范，既变幻无穷，又和谐有致。”

——沃尔夫·冯·埃卡特（Wolf von Eckardt）美国《时代》杂志，1982 年 5 月 3 日

尽管按国际展览局的标准，1964 年瑞士国家博览会算不上国际展会，但却展示了创新的建筑、艺术和科技，而也许最重要的是，它努力在全球背景下展示了瑞士这个国家及其特点。瑞士军事楼就像一只混凝土浇铸的刺猬，有 141 根尖刺，突出了瑞士的军力与独立性。楼前屹立着一尊有三个尖顶的导弹形雕塑。在食品、饮料和烟草馆，空中购物篮载着游客在食品展柜之间穿梭，巨型香肠、巧克力、饼干和其他传统食品从屋顶呆下来。游客还可乘坐奥古斯丁·皮卡德（Auguste Piccard）设计的探海艇深入日内瓦湖底。这艘探海艇曾经在南太平洋深入海平面下 3 万多英尺，创下了历史上最深的下潜纪录。在日内瓦湖，下潜深度就浅多了。一条单轨露天铁路载着游客穿梭在各建筑之间。展会首席设计师阿尔贝托·卡门金德（Alberto Camenzind）表示：“1964 年博览会身处和平与繁荣的时代。我们的任务，就是展示瑞士的画面。”他问我们：“瑞士是一个国家吗？我们是否是一大群有着类似想法的人聚在一起？”此次展会向瑞士及全世界表明，瑞士是一个富有凝聚力的独立国家。

124–125 页图

瑞士军事楼，它就像长着 141 根刺的混凝土刺猬。

NW OW

126 页图

欧普艺术展览。

上图

展会上一群人身穿太空服，如同来自太空的外星人般向游客走来。

纽约世博会 1964年

1964 年纽约世博会也许最值得一提的是，它反映了美国的公司实力，其主旨便是“人类在宇宙世界的成就”。此次世博会会址为法拉盛草地公园，乃是美国举办过的最大规模博览会。通用汽车、IBM、杜邦和柯达等纷纷参展，公司成为展会主角，甚至标志性作品即高达 12 层的地球仪，也是由美国钢铁公司赞助建造。展会主题体现了对冷战的关切，也体现了人们希望新科技能够征服宇宙，带来和平，造福日常生活。

时任纽约市园林局长罗伯特·摩斯担任展会总裁。由于曾参与纽约以前的世博会，摩斯决定将法拉盛草地公园修建完毕，相信再举办一次世博会将能筹集到相关资金，争取到相关激励措施。斯基德摩尔－欧文斯－梅里尔公司（Skidmore, Owings & Merrill）的戈登·邦沙夫特（Gordon Bunshaft）最初担任展会总设计师，他提议将所有的展馆集中在一座多纳圈形的穹顶内，最终在失意中辞职而去，原因在于摩斯着力实现利润最大化，采用更加经济的建筑方法，重复使用 1939 年的总体计划、基础设施和道路。

本届世博会没有得到国际展览局的批准，包括几个欧洲国家、加拿大和苏联等在内的许多国家没有参展。国际展览局不允许向参展国收费，摩斯认为，不一定要按此原则行事。为了弥补国家馆的不足，摩斯邀请了许多公司、美国各州及多个亚洲和南美、中美洲国家参展。他甚至利用自己在公路修建领域的长期生涯，说服汽车公司和石油公司参展，其中包括优利来轮胎公司（Uniroyal Tire）、辛克莱石油公司（Sinclair）、埃索石油公司（Esso Gasoline）及底特律的汽车厂商。

作为本届展会的标志作品，美国钢铁公司出资修建了巨型地球仪。早期，保罗·鲁道夫（Paul Rudolph）曾建议修建一个倾斜的圆盘型结构作为象征，并取名为“银河”（ Galaxion）。沃尔特·道文·提戈则提议“星球之旅”，即一个铝钢混合的旋转形结构，高 170 英尺，上空漂浮氦气球。

尽管有了巨型地球仪，尽管有公司支持，尽管摩斯千方百计节省成本，本届世博会最终仍然亏损，只吸引了 5100 万游客，远低于预计的 7000 万。第二年，为了增加利润，他允许在展会开设了 58 家酒吧，但仍未吸引更多的游客。

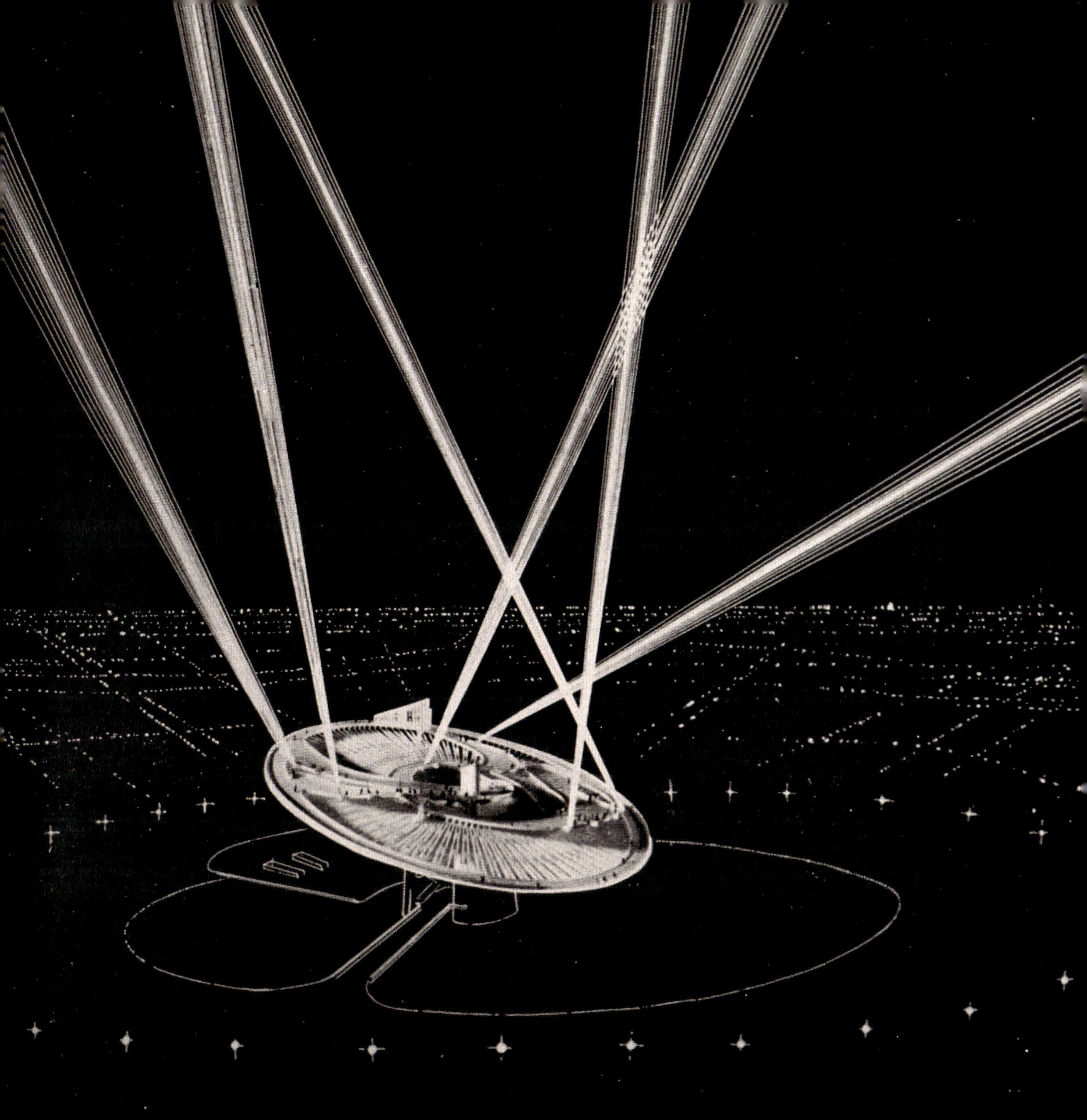

70
34
63
72
94
95

132 页图

游客从瑞士馆出发，坐空中缆车的敞篷车厢在空中滑翔 1875 英尺。

左图

世界上最强的探照灯光束从电力和灯具馆射出。该馆由 600 个棱柱构成，反射出五彩的光芒。

下图

巨型地球仪是本届展会的象征，至今仍保留在法拉盛草地公园。

134 页图

在贝尔公司馆，气泡型的电话亭遮盖了使用者的头部。

135 页图

纽约馆中“明天的帐篷”是当时世界上最大的悬挂屋顶。光线通过屋顶透明板洒进屋中。地面大部分是一幅水磨石的纽约州地图。

POWER AUTHORITY

136-137 页图

纽约馆前的布拉斯瑞尔（Brass Rail）饭店，维克多 · 伦迪（Victor A. Lundy）设计。饭店屋顶被悬吊在巨型气球下面。

下图

弗里德里克 · 韦德萨姆联合事务所（Frederic P. Wiedersum Associates）提议的“未来学校”，间间圆柱形教室通过中心缆绳悬挂固定。该公司成立于 1926 年，现名韦德萨姆联合建筑师事务所（Wiedersum Associates Architects）。

138-139 页图

纽约馆的三个观景塔，由菲利普 · 约翰逊（Philip Johnson）和诺尔曼 · 福斯特（Norman Foster）设计。它们高达 226 英尺。内部的“空中快车”升降机载着游客登上观景平台。

140 页图
通用汽车公司为 1964 年世博会修建了新的未来馆，希望能重现 1939 年未来馆的魔力。“未来之旅”始于月球模型，还有人工控制的“月球行者”在崎岖不同的月球上行走。

上图
明日城市模型展示了一个外围具有卫星城的中心城市。

COUNTDOWN
MEASURE GAS PRESSURE
COUNTING FUSION REACTIONS

142 页图

通用电器展馆人头攒动。展品包括一个受控核聚变模型。如今在皇后博物馆展出的一份通用电气手册这样描述展览："磁场挤压放射性氘气的等离子，时间为一百万分之一秒，温度为 2000 万华氏度。逼真的动画演示了原子如何发生碰撞，如何释放出自由能量。"展会上的盖格（Geiger）计量器"证实"了放射物质释放的能量。

上图

贝尔系统公司的椭圆形电话亭。它有一台可视电话，能同时传输声音和图像。

下图
通用汽车馆内的未来展，是 1939 年该公司深受欢迎的未来展的翻新。

145 页上图和下图
AMF 单轨列车，90 英尺长，有两节车厢，昼夜持续不断地运转。

AmF
AmF
MONORAIL

左图

通用汽车馆的外观，让人联想到一辆车身很低的汽车。

下图

雅致的线条，明亮的红色，通用汽车公司的未来IV（Futura IV）型汽车与该公司的展馆如出一辙。

147 页上图

这款通用概念车可以容纳一个标准的购物篮。购物车的轮子可以收起来，恰好塞进汽车后备箱。

147 页下图

太空旅行和火箭形象影响了火鸟 IV 型概念车的设计。

上图
新版未来展预测，人类将在海底生活和工作。这个模型中包含度假舱、酒店和饭店，内充氧气。

149 页图
在柯达公司馆屋顶，一位女士在月球环形山间拍照。

150 页图

科技厅起伏不平的混凝土墙壁，由哈里森和亚勃拉莫维茨公司（Harrison and Abramovitz）的华莱士·哈里森（Wallace K. Harrison）和亚勃拉莫维茨设计。墙壁嵌入深蓝色玻璃，为内部的科技展品营造了一种温和、甚至虔诚的光辉。

上图

一架微型直升机环绕纽约市模型飞行，游客可以乘坐它欣赏该模型。

右图

一名“宇航员”飘浮在欢呼的游客上空，展示贝尔航空公司的火箭背包。

蒙特利尔世博会 1967年

1967 年蒙特利尔世博会向公众展示了最尖端的科技和最创新的建筑结构，为蒙特利尔市修建了必要的公路和公共交通网络，宣告着该市崛起为一座大城市。此届世博会旨在庆祝加拿大建国 100 周年，取得了巨大的成功，经济上也收益颇丰，在短短 6 个月就吸引了 5000 多万人前往蒙特利尔，比预计多出 1500 万。为了确定展会主题，主办方参阅了《小王子》作者安东尼·德·圣埃克苏佩里 1939 年的《地球家园》（Terre des Hommes）一书，将此次博览会命名为“人类与世界”。

蒙特利尔市修建了广泛的地铁系统，连通城中心与各展区。市长让·德拉普（Jean Drapeau）利用修地铁所挖的泥土，在圣劳伦斯河中建了人工岛供展会使用。大量的公路、桥梁被修建，运送参展者、贵宾和游客。各个人工岛屿如今构成了城市中心的公园网络，而展会留下的公共交通、公路和公共空间，则成了永远的财富。

巴克明斯特·富勒与日本工程师东海林祯雄联袂为美国馆设计了一个网架穹顶，名叫半球体。穹顶直径 250 英尺，吸引了 500 多万游客，成为这届世博会最受欢迎的场所之一。它比富勒 1959 年为莫斯科美国国家展览设计的穹顶又有了新的改进。

另一处突破性的建筑位于展会与蒙特利尔市中心之间的人工岛上，由出生于以色列的摩西·萨夫迪设计。67 号民居民区最初规划的是 1000 套住房的社区，有商店，有学校，但最终从未达到这种规模和人数。当时有 158 套完工，也许是受日本新生代建筑师的影响，它们似乎是随意地堆在一起。67 号居民区是对预制建筑的一种尝试。混凝板在附近的工厂制作而成，现场安装成套。构造简单，可以轻松进一步扩充。当时，67 号居民区极不受欢迎，但如今，却已成为一种时尚。

同样，德国馆也对结构和建筑技术进行了尝试。佛莱·奥托将德国馆设计成一个从 8 根钢管悬挂下来的帐篷结构，下面是一层层的平台展区。各部分均在德国建成，运到蒙特利尔，现场组装。

此届世博会不仅受到公众的广泛欢迎，还吸引了各届名流、贵宾和政治领导人。杰奎琳·肯尼迪和摩纳哥格雷斯公主在展会徜徉，美国总统林登·约翰逊也前往参观，但遭到了反战人士的围攻抗议。法国总统戴高乐受到了热情欢迎，但却在宣布“自由魁北克万岁”时引起了争议，这句话可是加拿大魁北克省独立运动的口号。1967 年世博会，可以说跻身最受欢迎世博会之列。

152-153 页图

夜晚，魁北克馆就像一个闪闪发光的盒子。白天，正面的茶色玻璃反射阳光，映照出周围的水域。

右图和下图

游客可以购买季票，在不同展厅和各国家馆盖上标记。售价 35 美元的通票，可以无限制出入世博会。

155 页图

加拿大纸浆和纸业馆形似森林，突出了纸的重要性——“人类用以纪录思想与行为的首要工具”。

上图

委内瑞拉馆由三个色彩鲜艳的立方体构成。

左图

一名展会女服务人员在具有圆形塑料屋顶的电话亭内打电话。

上图

美国馆，巴克明斯特·富勒设计，通常被称为半球体。

158 页图

巴克明斯特·富勒的穹顶，直径 250 英尺，就像一个漂浮的巨大气泡。白天，它的透明塑料表面反射出阳光，夜间则微微发光。在 1976 年的一次翻新中，塑料外表层被火烧毁。

159 页图

最近的一幅照片显示，穹顶仍是金属结构。

上图和左图

摩西·萨夫迪设计的67号民居民区是对预制建筑的一种尝试。158套住宅似乎是随意堆成公寓楼。附近修建了一家设备齐全的水泥厂，以便就近生产水泥。67号居民区位于1967年世博会主展会址与蒙特利尔市中心之间的人工岛上，最初规划的是1000套住房的社区，有商店，有学校。展会结束后，规模被缩小，原因在于它既不受欢迎，又与市区隔绝。今天，这里（经过改建，住房可以抵御寒冬）已经成为一种时尚，受到追捧。

161页图

一排闪闪发光的铝板围绕着混凝土和钢质结构的法国馆。法国馆主题为“发明的历史”，内有原子反应堆和深海探测展览。

左图

从法国馆内楼座，游客可以观看关于生命周期的影片。

上图

在玻璃幕墙的魁北克馆，布满雪松的西部省份馆及塑料建成的安大略馆，不同的建筑技术与材料竞相登台。

上图
佛莱·奥托设计的德国馆由缆网构成，8 根钢管支撑，下面覆盖一层聚酯纤维。

164 页图

游客在苏联馆欣赏先进的飞机。

上图

米哈伊尔 · 波索金设计的苏联馆。近旁，巴克明斯特 · 富勒的穹顶显得异常矮小。

166–167 页图

加拿大馆像一个倒置的金字塔，被称为“Katimavik”，是爱斯基摩语中聚集地的意思。

上图
一名展会女服务人员在迎接客人。

168 页右 –169 页图
一名展会女服务人员身穿一件色彩如万花筒般的裙子。

TILT
12
12

170 页 –171 页左图

在“人类 — 探险者”分主题展览中，达·芬奇所画的著名男子形象出在霓虹灯中。

上图

“人类 — 探险者”馆有四个展厅，三座大楼，相互连通。其中一个展厅展示了放大一百万倍的人类细胞，另一个则展出了巨大的人脑模型，这个模型解释了反射行为的形成过程。

上图

展会女服务人员身穿最时尚的时装，包括美丽夺目的白色雨衣和色彩缤纷的帽子。

右上图

米哈伊尔 · 波索金设计的苏联馆，旁边是巴克明斯特 · 富勒设计的美国馆。

173 页图

在苏联馆，彩色的核反应堆模型暗示可以和平利用核能。

大阪世博会 1970年

1970年大阪万国博览会，是首届在亚洲举行的世博会，它是日本二战以来迅速发展的象征。早先，日本曾计划举办1940年世博会，来纪念日本帝国建国2600年，因为二次世界大战的爆发而推迟了整整30年。主办方选择了日本建筑师丹下健三担任展会首席规划师，并将大阪市郊一处竹林作为会址。此次展会的主题是“人类的进步与和谐”，参展国多达77个，吸引了6400多万游客。

展会期间，一枚时间胶囊被埋入地下。当5000年后打开时，这枚时间胶囊将成为了解20世纪生活的窗口。里面装着一台盘式唱机、一个丝质保险套、假牙、一台微型电视，以及为广岛原子弹爆炸受害者撰写的悼词。

与1964年世博会一样，许多展馆尝试了新型材料，包括塑料和玻璃纤维。美国馆采用了一种新颖结构：缆绳加固的椭圆形气动穹顶（pneumatic dome）。屋顶所采用的玻璃纤维膜最初由美国国家航空航天局开发，因空气压力膨胀，能够漂浮起来。这种结构在当前的运动会上普遍采用。该展馆大部分在地下，当时受到批评，称之为“未烤透的华夫饼和坟堆”。尽管如此，馆内仍有许多展品受到欢迎，包括取自阿波罗 11 号的一枚登月火箭和棒球巨人巴布·鲁思（Babe Ruth）的棒球服。

如今，这里已成为世博会纪念公园，几乎所有展馆都已经被拆毁。冈本太郎设计的展会标志性建筑太阳塔仍屹立于此，时时让人想起全世界汇集大阪的盛况。

174 页 –175 页左图

在电信馆，圆形塑料电话亭从天花板支撑，可以舒服地坐着打电话。

下图

两名儿童从黑川纪章设计的的密封舱向外观看苏联馆的红色螺旋形建筑。

177 页图

旋转餐厅的独立用餐区，窗外是精彩的世博会景象。

21
22

178 页图

瑞士馆下面的世博会女服务人员。

179 页图

苏联馆呈螺旋形，高达 350 英尺，旁边的展馆顿显矮小。米哈伊尔 · 波索金、斯维斯克（Svirsky）和工程师康卓切夫（A. Kondratyev）设计。它的外形灵感源于镰刀、斧头。

左图

太阳塔夜晚灯火通明，是本届世博会的标志性建筑，至今仍然耸立。

181 页图

瑞士馆的辐射状结构出自威利 · 沃尔特（Willy Walter）之手，由 370 吨钢材和铝材建成，旨在代表一棵树的形象。夜间，瑞士馆精致的金属外墙上，35,000 盏华灯齐放。

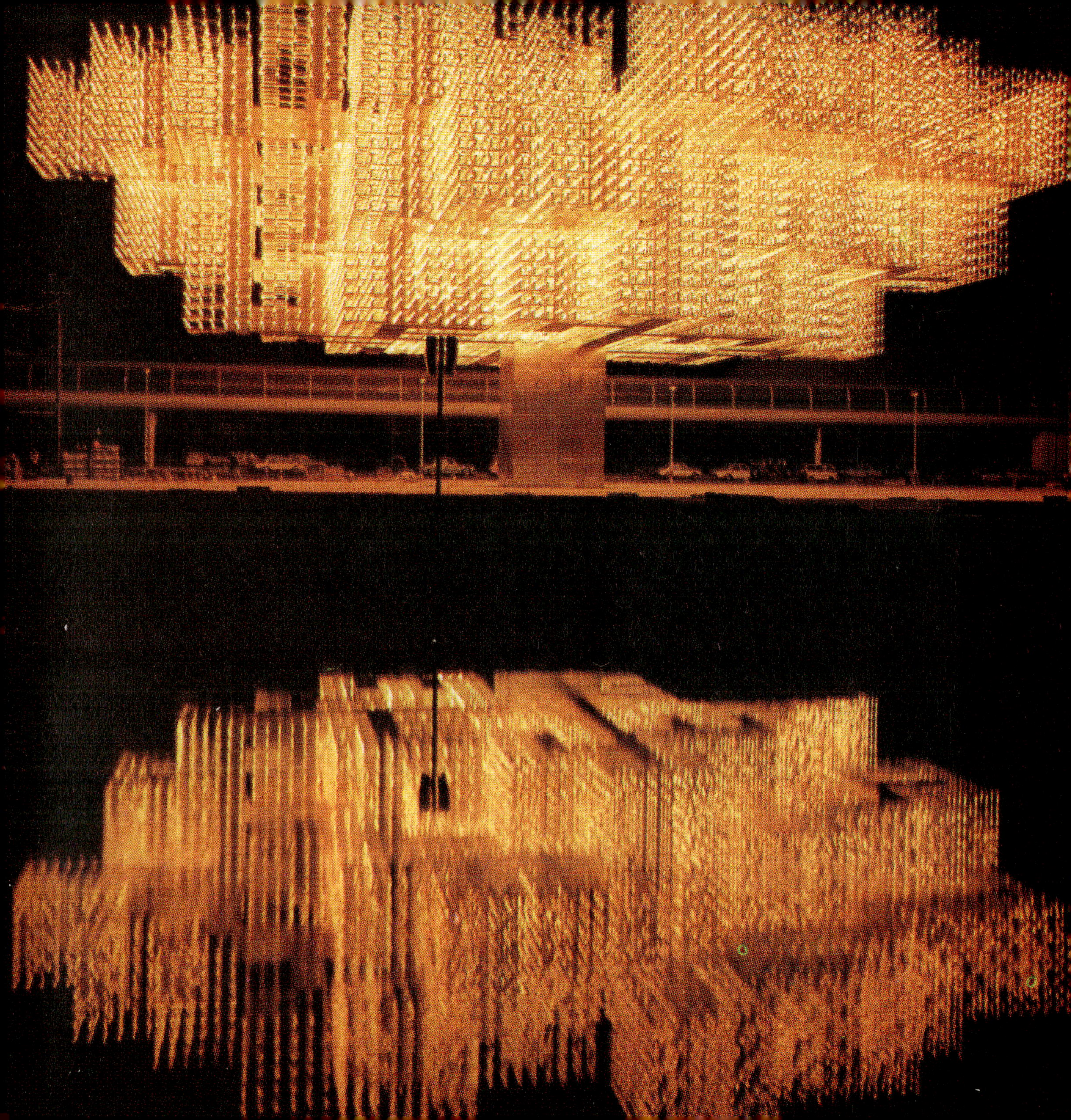

左图

日本石油馆取名“笑声世界”，旨在让人联想到一个开怀大笑的人。Ohbayashi-Gumi公司设计。

183 页左图

世博塔高 417 英尺，由菊竹清训设计。它拥有一个观景平台和无线中继站。

183 页右图

世博塔的内部。

184 页图

在纺织馆，“艺术的创新”通过非洲式发型的裸体模特体现。

185 页图

富士馆有 16 根树脂管，是世界最大的气动结构。设计师为村田丰。富士馆前面，是日本汽车制造商协会馆的帆布帐篷。

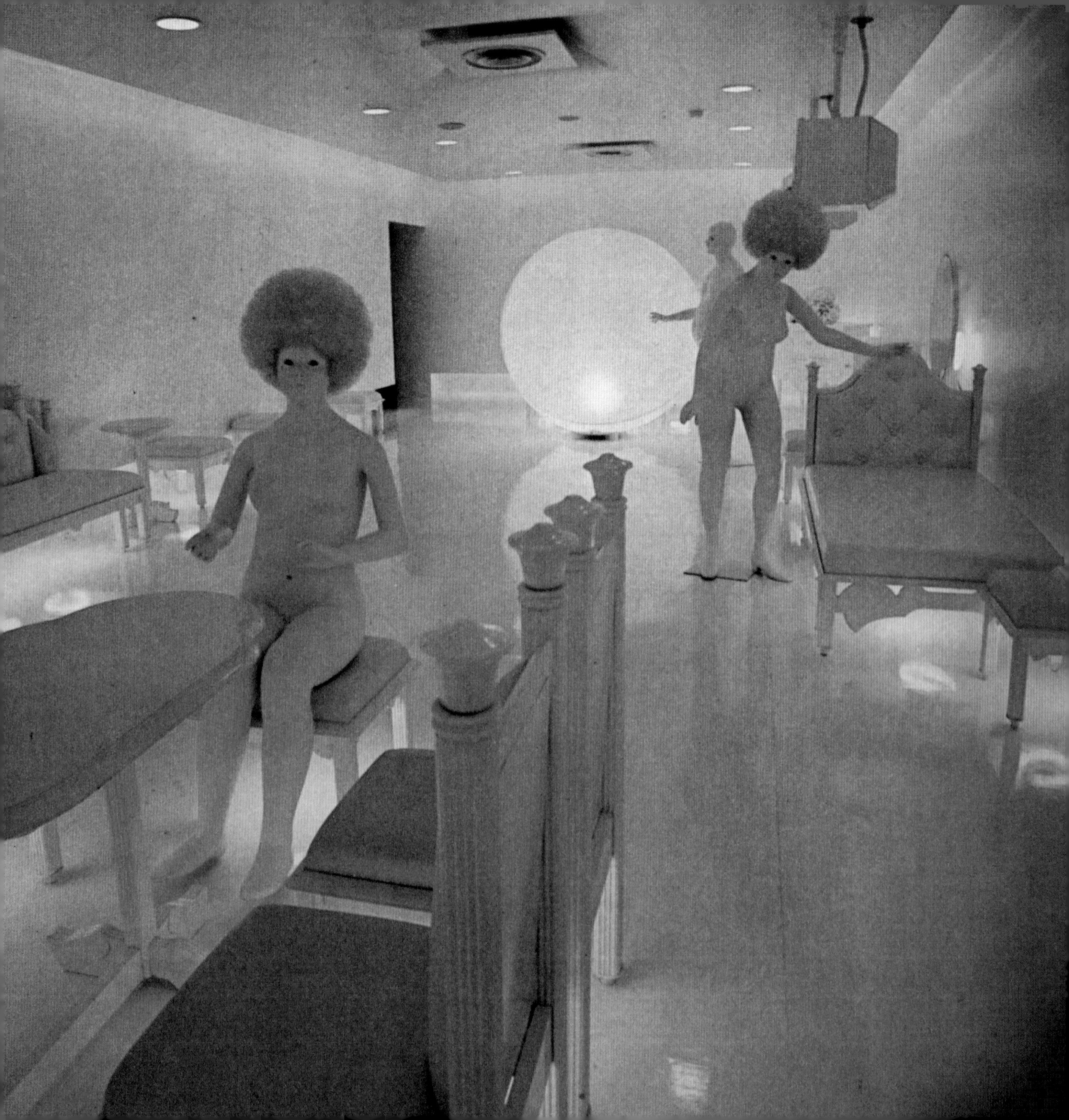

186–187 页图

在黑川纪章设计的东芝馆，预制结构支撑着 180 英尺的高塔。东芝馆空间广阔，由 1476 个方鳍鱼形的金属结构组成。红色的穹顶被称为全球展望剧院，通过这个金属结构悬吊。

188–189 页图

黑川纪章为特佳丽（Takara）集团设计的“美好馆”由钢管和舱室组成，是在不到一周内现场安装而成。该馆主题为“美丽的欢乐”。

190 页图

澳大利亚馆 260 吨的屋顶通过一个悬臂支撑塔悬挂。悬臂支架就像巨大的波浪，灵感源于日本木刻。澳大利亚建筑师詹姆斯·麦考米克（James MacCormick）设计。

上图

美国馆内，宇航员“飘浮”在航天舱附近。

左图

夜间，纺织馆灯火通明，结构体系非常醒目。

192 页图

太阳塔内，“生命之树”讲述了人类演变的故事，四部浮梯载着游客通过 300 多个动物模型，分别是单细胞动物、鸟类、爬行运行、鱼类、猿和人类。

上图

丹下健三制订了总体规划，并设计了太阳塔主欢迎馆的上层建筑。太阳塔共有三个面：“黑色的太阳”，“金色的太阳”，正面未命名。

194 页图
日本石油馆名叫“笑声世界”，旨在让人联想到一个开怀大笑的人。

上图
日本电信公司设计的电信馆，外部是伸展的黄色帆布。馆内关于早期人类通信的展览中，游客被 200 名婴儿的啼哭声所征服。

右图
在日本三得利公司馆下面，游客在管道内的自动通道上前进。该馆由混凝土建成，模仿传统的竹制饮水器皿。

Technical adventures into future living

■ The "Ultrasonic Bath" of the future for an effective preservation of health and beauty.

■ The "Flower Kitchen" with a total control system, making future cooking and eating a pleasure.

■ The "Home Information System", an electronic experiment in total comunication.

■ The "Health Capsule", a private world for complete physical and psychological relaxation.

EXPO'70 SANYO

上图
日本三洋公司为现代家庭的厨房提供了信息：一个保健仓和洗浴设备。

右图
升高的自动人行道载着游客通过澳大利亚馆的悬臂。

197 页图
自动洗涤机利用“幸福的热水”，用“超声波泡沫”进行清洗。

1974-2002年各届世博会

20世纪后叶，世界性博览会失去了大部分光环。各种展会日渐亏损，愿意承受经济负担精心举办博览会的国家和城市已经不多。各种博览会和世博会仍在举行，但更加专业，国际化、全面性或未来主义色彩少了，昔日的光彩与愉悦不再重现。

1982年诺克斯维尔（Knoxville）世博会的主题为“能源改变世界”，它怀着保护能源和利用可再生资源的高尚目的，但筹备工作却杂乱无章。上世纪70年代末筹办之际，能源与石油危机正是热点，但到了1982年，保护能源这个主题已经不像当初那样受追捧。尽管承诺将在经济上取得成功，但这届世博会仍为该市留下了5700万美元的债务。由于前往诺克斯维尔时住宿条件恶劣或根本无法住宿，三年后，展会主办方对2700名游客进行了补偿。展会的象征名叫太阳球（Sunshpere），是一个毫无灵感可言的反射玻璃球体，搁在一个豪华电梯竖井上方。

1984年，新奥尔良市主办了路易斯安那世博会，以期振兴这个疲软的城市。主题是：“河流的世界：水乃生命之源”，富有特色的有一座裸胸的美人鱼雕塑，半英里长的奇迹墙，查尔斯·穆尔（Charles Moor）和威廉·腾波（William Turnball）设计的后现代作品，即瓮、塔、柱、半身塑像、山形墙和动物雕塑等等。奇迹墙和整个展会都没有带来往昔的欢乐和兴奋，倒留下了1.57亿美元的亏损。令人难堪的是，本届展会的市场主管因邮件欺诈被判入狱，原因在于他非法通过邮购销售展会纪念品。

1986年温哥华世博会比较成功。它对不列颠哥伦比亚省这个城市的发展起到了作用，吸引了许多人移民到这个欣欣向荣的城市。展会现场堆砌着毫无特色的钢架、帐篷式建筑。作为北美最后一次举办的博览会，它吸引了近2200万游客，尽管还不到1967年世博会的一半，却是诺克斯维尔世博会的两倍。

1992年塞维利亚世博会与巴塞罗那奥运会在同一年举行，旨在庆祝哥伦布航行500周年。西班牙政府出资100多亿美元改善基础设施，包括圣地亚哥·卡拉塔瓦设计的壮观的阿拉米罗（Alamillo）桥。共有110个国家参展，展馆63个，包括安藤忠雄设计的雅致的日本馆，这是世界上规模最大的木质建筑。智利没有建馆，而是从南极拖来一座冰山，期望人类借此认识到地球生态的脆弱性。其他做出贡献的设计师还有吉恩·努维尔（Jean Nouvel）、矶崎新和诺尔曼·福斯特。

1993年韩国大田世博会，是首届在发展中国家举办的博览会。尽管只有三个月，却标志着韩国已崛起为科技强国。

为了庆祝达·伽玛发现通往印度的海上线路500周年，葡萄牙于1998年在里斯本举办了世博会，主题为："海洋：未来的财富"。在里斯本北部的交通枢纽奥利恩特（Oriente）站，不同的交通方式自如交织，成为游客的首要交通中枢。该站由圣地亚哥·卡拉塔瓦设计，为复兴里斯本这个没落的工业区起到了重要作用。车站顶部就像一棵树，有树干也有树冠，极具冲击力。尽管不如温哥华世博会那样受人欢迎，这届展会仍有146个国家参与，位居世博会历史上参展国家最多行列。

2000年德国汉诺威世博会一反传统，首次利用现成建筑。它以"人类、自然与科技"为主题，为21世纪的环境问题提出解决方案，而不是展示科技方面的总体进步。为了考察科技与自然如何共处，德国MVRDV建筑设计公司所设计的展馆层层叠叠，一鸣惊人。在这里，自然与人类以全新的方式共享同样的空间。

在2002年瑞士国家展上，纽约设计师迪迪勒+斯卡菲狄欧（Diller + Scofidio）展示了颠覆性的全新展馆模糊楼（Blur Building）。这是纽沙特（Neuchatel）湖底的一座媒体馆，31 500个喷嘴喷洒湖中水雾，在展馆周围形成变幻多姿的人工云。展馆以巴克明斯特·富勒的设计为基础，但又不同于富勒所能想象的任何作品。

世博会正日益恢复作为创新设计与科技孵化器的荣耀。上海承诺将在2010年举办一届精彩的世博会，许多国家正准备竞争2012年世博会。随着更多国家的参与，世博会的未来将充满希望。

198–199 页图

在塞维利亚的阿拉米罗桥，圣地亚哥·卡拉塔瓦安装了 58 度的斜拉支架，通过线缆将支架与大桥连接，用一个支架完全支撑大桥。

上左、中、右图

1992 年塞维利亚世博会上的日本馆，安藤忠雄设计，正面采用传统木板。

上图
塞维利亚世博会上的科威特展馆，圣地亚哥·卡拉塔瓦设计，活动屋顶像棕榈叶。

右图
1993 年韩国世博会上的高塔。

左图

里斯本的奥利恩特站，圣地亚哥·卡拉塔瓦采用了新型屋顶结构。

下图

2002 年瑞士世博会，迪勒.斯卡菲狄欧与伦弗洛建筑事务所 Diller Scofidio + Renfro 建造了“模糊楼”。这是建在纽沙特湖底的一个媒体馆，31 500 个喷嘴从湖中吸水，喷洒的水雾在展馆周围形成了人工云

日本爱知世博会2005年

2005 年日本爱知世博会，是日本举办的第二届，它以科技为重心，主要展示如何解决 21 世纪的环境问题。主题为“自然的智慧”，各公司馆和国家馆纷纷采用再生和回收建筑材料、太阳能和风能以及新型燃料车辆。展会场地有 12 种不同的垃圾回收箱，全职的回收指导人员在一旁指导游客如何对可回收垃圾进行分类投放。各种突破性的技术展示了未来的新型交通、个人机器人以及其他奇妙的便利。展会设计师彦坂裕表示：“世界博览会 150 年的历史，就是革命的历史……爱知世博会正值环境革命之际，是对如何恢复人与自然之间纽带的探索。”

这届世博会的技术创新，有新建的磁悬浮地铁线路东部丘陵线，丰田电动概念车 I-unit，以及日本铁路公司时速达 300 英里的磁悬浮高速子弹列车。为了与展会的环保主题一致，燃料电池驱动的无人驾驶智能多功能运输系统（Unmanned Intelligent Multi-mode Transit System）的公共汽车，运送着游客在展会中穿梭。

也许是因为日本正步入老年社会和出生率低的时代，具有照料和陪伴功能的机器人在整个展会上司空见惯。NEC 公司的侏儒状儿童陪伴机器 PaPeRo 能用几种语言与儿童交流，它还有内置的摄像机，忙碌的家长可以通过它随时掌握孩子的情况。一款绒绒的海豹机器人意在安慰老人和病人，只要有人抚摸，这就会扭动着身体发出咯咯的笑声。这样的机器人，其实就是 1939 年世博会上西屋公司 Moto-Man 机器人的现代翻版。

爱知世博会的宏伟展馆，堪与昔日盛况相媲美，不过，这一次推出精彩展馆的，不是各个国家，而是各大公司。一道瀑布倾泻而下，将东芝馆一分为二，追求的是 1939 年意大利馆的风格。一道略成曲线的斜坡，围绕着丰田汽车馆。

而由可回收钢架与层压纸（laminated paper）所搭建的圆形建筑，则让人联想到1939年阿尔伯特·卡恩所设计的通用汽车馆。

各个国家馆大多呈模式化，结构四平八稳，只在外墙做些修饰，独创性设计则保留在室内。中国馆斜坡众多，浅绿的各色树木，集传统与现代为一体。多屏幕放映，展示了“新中国”的技术与经济实力及其近年来在环保方面所做的努力。立陶宛则以全新的方式展出了白色螺旋形建筑，颇像DNA的结构。立陶宛的电视节目和对本国公民的采访，被投影到这个螺旋结构上。

在这届非西方国家主办的世博会上，参展国家超出了近年来的展会，甚至迎来了伊朗和古巴。与大多数国际博览会上那样，人们感到，世界各国可以和谐相处，和平合作。不过，美国馆入口处的安检设备，却与这种感受格格不入，它提醒着游客，这个世界的政治现实仍是残酷的。

204–205页图
立陶宛首次在世博会现身，它的螺旋模型很像NDA分子。电视节目和对本国公民的采访投影到这个螺旋结构上。

下图
日本铁路馆醒目的新型流线型超导列车，时速可达360英里，是历史上最快的有轨车辆的速度。通过观看三维IMAX电影，游客可感受这种前所未有的地面速度。

207页图
日本馆竹枝覆盖，帮助控制太阳热能。屋顶采用光触媒瓷砖，水洒到屋顶进行冷却。该馆的设计，使游客可以体验最新环保科技与环保材料。

TOYOTA
GROUP

208 页图

丰田汽车馆由可移动、可重复使用的钢联轴与一大块胶合纸板构成。它有一个斜坡，使人想起阿尔伯特 · 卡恩设计的 1939 年通用汽车的公路与地平线馆。

左图

在机器人馆，身穿迷你裙和白色塑料靴的机器人讲解员“Actroid”用 4 种语言进行介绍。

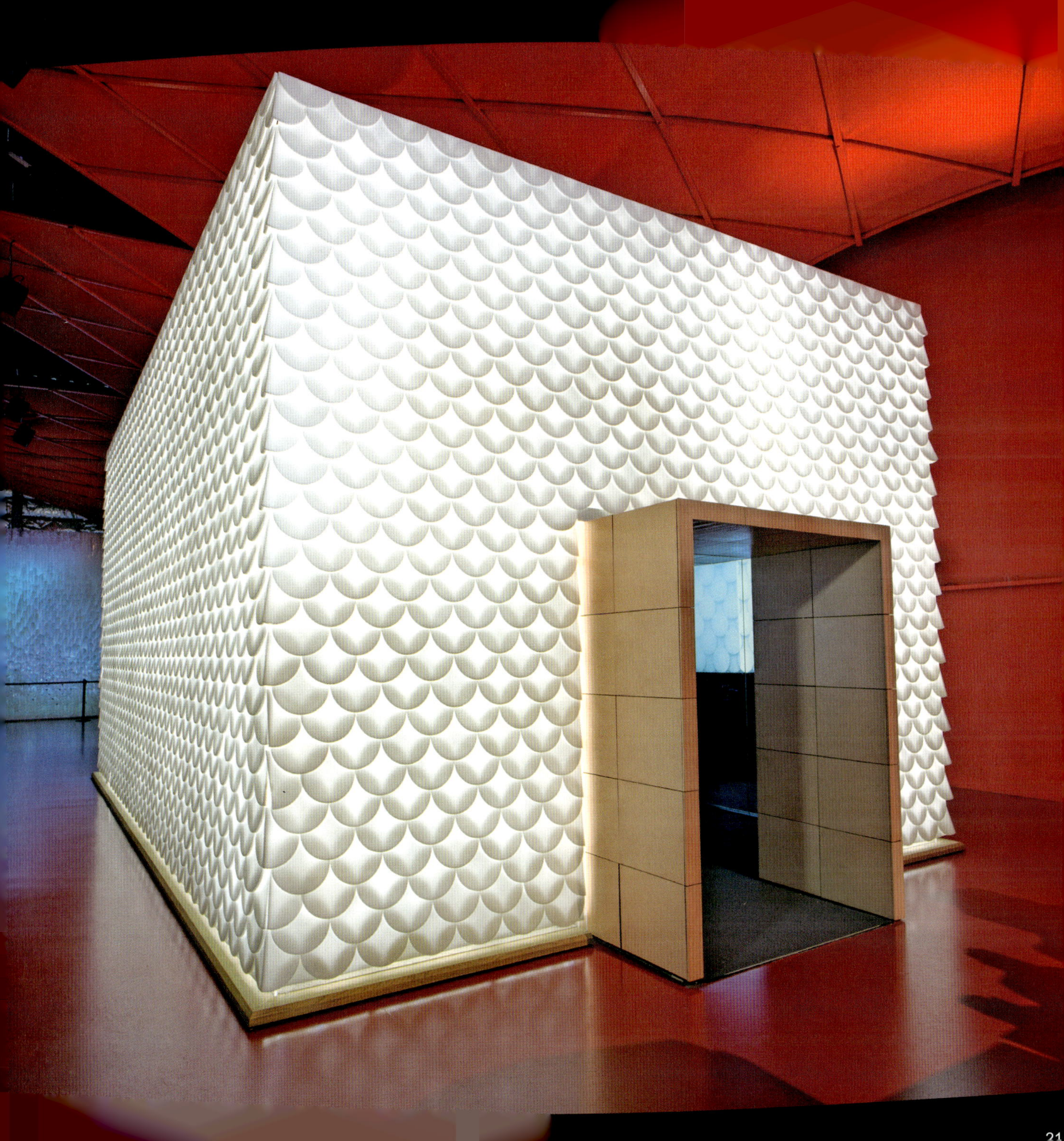

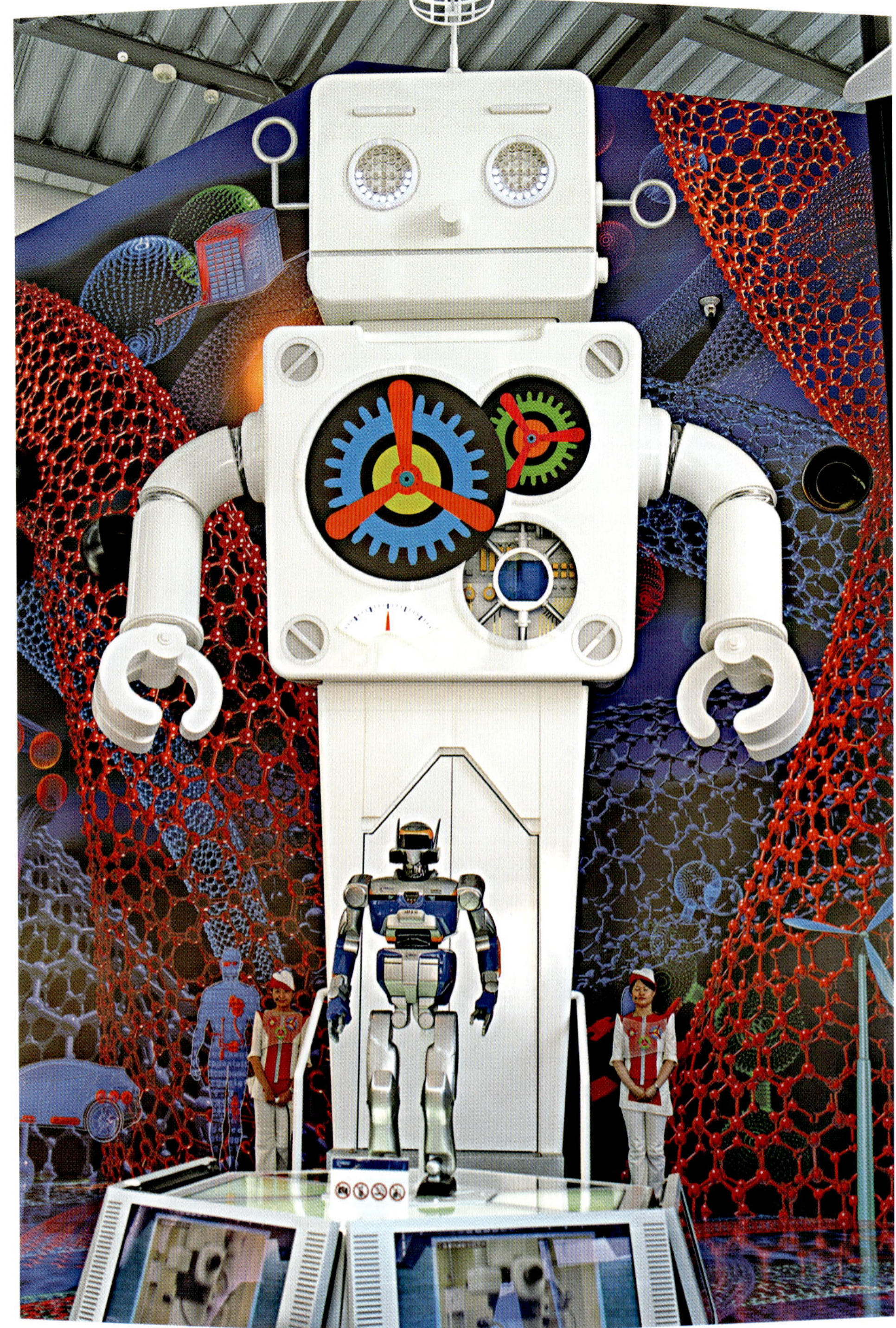

210 页图

中国馆的主题为：自然、城市、和谐 — 生活的艺术。

211 页图

在法国馆，路易 · 威登（Louis Vuitton）展示了一个由 4000 个海盐板（sea salt plate）组成的结构，象征着可持续发展。

左图

日本新能源开发机构（Nedo）的机器人馆。

左上图

丰田 I-Unit 新型“个人概念车”就像一片树叶，让消费者在行动自由的同时，与自然和谐相处。

左下图

丰田 I-Unit 概念车的展览，突出了它不仅仅是个人交通工具（彰显个人地位），还能在高速公路上安全无虞地驾驶。内置传感器可帮助它避免事故。

上图

日本 NEC 公司会说话的“PaPeRo”陪伴机器人，内置摄像头能监控儿童，让忙碌的家长专心工作。

展望未来：1933年至20世纪80年代世博会

斯蒂芬·范·戴克　STEPHEN VAN DYK

自19世纪中叶以来，世博会发挥了多种作用。它既是世界商业的展示舞台，又是促进科技和建筑发展、展示最新发明的论坛，还是展示新材料和工业发展的场所。世博会也是表达国家思想、认识和了解外国人民、外来文化的机会，也是展示建筑设计和游乐园等的机会。与此同时，世博会还是现代博物馆的先行者，它既是国际传统展览，也是关心世界和平、经济、健康、生态及人类进步的全球性组织。

尽管世博会往往旨在纪念某个历史事件（如1893年芝加哥世博会，就是纪念哥伦布发现美洲400周年），但每届都体现了最新的科技成就，也是展示未来观念和发明及预见人类未来生活的载体。大卫·沃尔特的《今日之后》(Today Then）一书，就介绍了1893年芝加哥世博会上“美国的最佳头脑”所提出的对未来100年人类生活的74项预测。据预测，未来的金属将是铝，邮资将降到一美分，电脑将普及，家家都会有电话，火车时速将达到100英里，而人类将变得“更聪明、更优美、更纯粹”。

自己的家园

20世纪的博览会继续充当未来趋势的论坛，继续宣扬这一观念，即人类的成就所取得的进步，将带来更加美好的生活，并最终实现世界和平与统一。威廉·麦金利（William McKinley）总统曾在1901年布法罗举办的泛美博览会上表示，世博会“是进步的记录员……它们记录了世界的成就”。1933-1934年纪念芝加哥市成立300周年的博览会，被称为“一个世纪的进步”，它所推行的观念是，现代科技进步是通往光明和希望的未来之路，甚至在美国经济最为萧条的时期也不例外。它的主题是“科学、发现、工业应用、人类顺应”。游客参观了光电电池技术、现代化婴儿恒温箱、机器人、垂直停车场、流线型汽车和火车、现代艺术装饰馆和飞机。有些人甚至还享受了一次太空之旅。

“明日家园”是家庭与工业艺术区展出的12套样板住房。它尤其让人兴味盎然，是因为各套住房风格各异，采用了新颖的建筑方法和新型材料，人们能够消费得起，因而，越来越多寻找家园的美国人可望又可及。这些房子采用预制结构，利用的新材料有梅森耐特纤维板、人造石、瓷砖、柏树、玻璃和钢材等，也有传统的砖木。节省劳动力的最新设备及中央空调、全电气化厨房等现代化便利，让游客看到了未来真实家庭的前景。凯克公司设计的未来家庭又被称为“美国最早的玻璃房屋”，它采用12面结构，由钢材和玻璃建成。与其他样板房所不同的是，普通美国人无力消费，但的确是设计灵感源于包豪斯建筑学派的典范，而这一学派在随后的十年中，乃是美国商业建筑界的主流。与之形成对比的是，建筑师霍华德·费希尔（Howard Fisher）展出了一套单层的全钢制住宅。通用住房公司（General Houses Inc.）售价 4000 美元，并宣称，自己能够“像福特公司一样用流水线方法”修建住宅。

规划明日世界的城市

20 世纪 30 年代，随着美国郊区开始缓慢发展，且部分的确融入了1933-1934 芝加哥世博会上展出的未来主义预制结构，人们对未来城市的研究兴趣日益浓厚。1939-1940 年纽约世博会以“建设明日世界”为主题，沿袭了历届世博会突出新发明的传统，值得一提的有尼龙长腿袜和电视机。同时，它又是为了纪念乔治·华盛顿在纽约宣誓就职 150 周年。与芝加哥世博会一样，此届展会仍然强调科技的发展是建设未来世界的关键。具有讽刺意味的是，筹办方一度希望此次展会能成为各国和平交流的场所，而当时，二战爆发在即。

几届由公司赞助的展览，为通过科技改善未来这一主题做出了贡献。其中最著名的有西屋公司的时间胶囊，名叫“明日城镇”的样板家庭展览，雷蒙德·洛伊的名叫“火箭船”的未来交通工具，通用汽车公司的“未来馆”展览以及“后天的世界”，后者是唐纳德·迪斯尼为百时美公司（Bristol-Myers）所设计的一系列展览。

高尚的事业

1958 年布鲁塞尔世博会的主题，再次界定为通过科技成就实现更加美好的生活与更具人性的和平世界。世博会筹办方所面临的挑战，是要在一个尚从二战破坏中恢复的欧洲城市举办展览，而这个城市，在冷战期间基本上可以说是美苏相争的挑唆者。更具戏剧性的是，展会的焦点，即一个名叫“原子球”的巨大不锈钢结构，所象征的是一个十来年前摧毁了大阪和长崎的原子弹。尽管如此，1958 年世博会，侧重于在国际上进行纯粹的核科学研究，以及未来对核能和原子的和平利用。主办方的目标，是促进参展方（尤其是超级大国）之间的合作，而不是竞争。这些参展方展出了对原子能的积极利用，这对关心核爆炸的外行观众来说既有意思，又富有意义。深受欢迎的，有互动“电子机械手”，讲解技术展览的导游，以及与 1958 年第二届国际日内瓦和平利用原子能会议联合举办的展览，为期两周。苏联展出了核电站和潜艇，与名为“美国生活方式”的美国馆相比，也许更具竞争精神。总体上，这届展会推动了人们对科技的乐观态度，加深了对核能的理解，增强了科学界的合作，有鉴于此，这项高尚的事业方才真正取得了成功。

新的领域

四年后，就在 1962 年西雅图 21 世纪博览会上，美苏两国在生活质量、意识形态和外层空间的新领域等问题上加剧了竞争。然而，在外层空间这个尚待发现的环境中，预言家们畅想，2001 年地球生活将充满“太空时代”的发明。其中包括具有自动烹饪、清洁、储存和娱乐设施的“按钮”式家庭，气垫汽车、火车和超音速飞机，新加工的富含维生素的食品，用来记录、购物和付账的家用电脑，按钮电话和无绳电话，人类在月球上行走，以及学校可通过电视监控等等。

规模更大，且商业性堪与西雅图盛会相媲美的，是 1964-1965 年的纽约世博会，此时正值美国卷入越南战争前夕。依靠科技和世界合作改善未来的主旨，是通过这届世博会的乐观主题表达的，即：“人类在日益扩张的世界的成就”，“一千年的进步”，“通过理解促进和平”，“这是一个小世界”等。此次盛会探索了太空时代新的技术领域，展出了太空舱和火箭，信息技术方面则展出了 IBM 的计算机和电子计算器，原子时代的核聚变，消费新时代的杜邦“化工世界”塑料制品和模制产品。这届展会主要是美国各大公司发起的展览，既有保险公司，也有汽车制造商。迪斯尼在展会上高调出场，为它的小小世界、魔术航线和旋转木马馆制作出了不少动画片，其中一些后来被安放在迪斯尼乐园，自此，世博会上的娱乐氛围便被带走。

不断改变的角色

1967 年蒙特利尔世博会，旨在纪念加拿大建国 100 周年，主题是“人类与世界”，这是后期规模最大的国际博览会之一。尽管本届展会更加侧重国际性而非注重商业性，但与近期在纽约举办的世博会很相似，也是在市中心举办，也是创新建筑的盛会，也是动画和电影颇多，而非像以前的展会那样注重实物的展览。不过，此届博览会提出了一些有意思的问题。在“人类：探索者”展览中，有部电影在题为“人类是否在掌控中”的篇章中，提出了科技对环境的影响问题。也许，科技并非更加美好的生活的答案？摩西·萨夫迪设计的 67 号居民区，这个由一系列混凝土模块以前所未有的方式堆砌的公寓建筑，解决了以下问题，即这种结构能否提供现代高效的住房，用来取代郊区一家一院式的住宅。

动画片和电影的上演，是 1970 年大阪世博会的主要特点。这是亚洲举办的第一届世博会，主题为“人类的进步与和谐”。展会充满了新颖的建筑，如丹下健三的高清玻璃屋顶节日馆，以及覆盖美国馆和富士集团馆的大帐篷，后者采用空气系统支撑结构。在宽敞的现代建筑中的这些激光、视听展示中，还有一部简约的北欧片，内容是关于如何控制北欧人口，这体现了展望未来的角色转变。

未来的世博会

1970大阪世博会以来，世界各地曾举办过若干次小型区域性博览会，包括以环境为主题的1974年华盛顿斯波坎（Spokane）博览会，1982年田纳西州诺克斯维尔国际能源博览会，1984年新奥尔良生活用水展览，1985年日本筑波“家庭中的科技”博览会，1986年温哥华博览会交通与通信展览，以及1992年塞维利亚“发现的时代”博览会。似乎显而易见的是，1970年之后博览会的主题不再那么宽泛，选址也是相对较小的城市，更加侧重于特定的问题与主题。许多情况下，由于初期宣传的科技与观点的局限性，其吸引力极大下降。新的建筑方法，例如大规模预制结构，被用来建设举办贸易展览和会议的国际会议中心。超音速飞机、高速汽车和火车，以及穿越国界的高速公路，在今天已经司空见惯，前往文化、教育和娱乐胜地和参加相关活动已经非常便利，而世博会曾经是这些场所和活动的目的地。

曾经在博览会上大出风头的电子设备和通信设备，如今正为我们提供新产品、新技术的信息，它们无处不在，即时迅捷。娱乐区过去曾经是博览会上的标准亮点，如今已被主题公园所取代，而博物馆则成为自然科学、发明以及美术和装饰艺术展的主要场所。与此同时，奥运会等活动及联合国等组织，如今正成为各国聚会和寻求解决世界冲突的论坛。

尽管如此，即使这个世界在日益缩小，世博会似乎仍有前景。博览会仍是展示时代最具才华设计师的新建筑的场所。如果为这些活动所建的一些纪念性建筑、公园、交通系统和建筑能够继续存在，为复兴这些城市和地区助一臂之力，那该多棒啊！今后规划在更加偏远之处举办博览会，将会通过旅游来刺激当地经济。改善人类福祉的科技与观念，应当展示出来，引起全球的关切。不过，最重要的则是，未来的博览会应继续以理想为核心 — 成为发现和教育的场地，以世界健康、世界和平及改善环境等问题为焦点，而人类的成就也将得到歌颂。

Allwood, John. *Great Exhibitions*. London 1977.

Altick, Richard D. *The Shows of London*. Cambridge, Massachusetts 1978.

Appelbaum, Stanley, ed. *The New York World's Fair 1939/1940*. New York 1977.

Art and Power: Europe Under the Dictators, 1935–45. London 1995.

Auerbach, Jeffrey A. *The Great Exhibition of 1851: A Nation on Display*. New Haven 1999.

Baculo, A., S. Gallo, and M. Mangore. *Le grandi Esposizioni nel Mondo, 1851–1900*. Naples 1988.

Bannister, T. C. "Bogardus Revisited." *Journal of the Society of Architectural Historians,* nos. 15 and 16. 1956 and 1957.

Benjamin, W. "Grandville or the World Exhibitions." In *Baudelaire: A Lyrical Poet in the Era of High Capitalism*. London 1989.

Besset, M. *Gustave Eiffel*. Paris 1957.

Bogardus, James. *Cast Iron Buildings*. 1856.

Bolotin, Norman, and Christine Laing. *The World's Columbian Exhibition*. Chicago 2002.

Bosbach, Franz. *The Great Exhibition and Its Legacy*. Munich 2002.

Burton, Benedict L. *The Anthropology of World's Fairs*. 1983.

Chadwick, G. F. *The Works of Sir Joseph Paxton, 1803–1865*. London 1961.

Clasen, Wolfgang. *Expositions, Exhibits, Industrial and Trade Fairs*. New York 1968.

Coombs, Robert. "Norman Bel Geddes." *Perspecta,* no. 13/14. 1971.

Crary, Jonathan. *Techniques of the Observer: On Vision and Modernity in the 19th Century*. Cambridge, Massachusetts 1990.

Crouzet, Francois. *The Victorian Economy*. London 1982.

Cruz-Diez, José. "Chilean Pavilion Seville Expo." *Architectural Design* Jan.–Feb. 2003.

"Dawn of a New Day." *The New York World's Fair 1939/1940*. Exhibition catalogue. Flushing, New York:Queens Museum of Art, 1980.

De Jonge, Alex. *Dostoevsky and the Age of Intensity*. New York 1975.

Dernberg, Friedrich. *Aus der weissen Stadt*. Berlin 1893.

Drew, Philip. *Frei Otto: Form and Structure*. Boulder 1976.

Eisenbauten: Ihre Geschichte und Aesthetik. Esslingen 1907.

"Expo '70: East meets West." *Newsweek.* 9 March 1970.

Fay, C. R. *Palace of Industry, 1851*. Cambridge, England 1951.

Findling, John E. *Chicago's Great World's Fairs*. Manchester 1994.

Frank, Joseph. *Dostoevsky: The Stir of Liberation, 1860–1865*. Princeton 1986.

Friemert, Chup. *Die gläserne Arche: Kristallpalast London 1851 und 1854*. Munich 1984.

Fuller, R. Buckminster. *Nine Chains to the Moon*. New York 1938.

Gaillard, Marc. *Paris: Les expositions universelles de 1855 à 1937*. Paris 2003.

Gause, Jo Allen, ed. *Great Planned Communities*. Washington, D.C. 2002.

Gelernter, David. *1939: Lost World of Fair*. New York 1995.

Geddes, Patrick. *Industrial Exhibitions and Modern Progress*. 1887.

Geppert, Alexander C. T., Jean Coffey, and T. Lau. *International Exhibitions, 1851–1951: A Bibliography*. Florence 2000.

Giedion, Sigfried. *Bauen in Frankreich*. Leipzig 1928. Translated under the title *Building in France* (Santa Monica 1995).

———. *Zeit, Raum, Architektur*. Ravensburg 1965 (first 1958).

Gold, John R., and Margaret M. Gold. *Cities of Culture: Staging International Festivals and the Urban Agenda, 1951–2000*. Burlington, Vermont 1988.

Gräfe, Rainer. "Projektbereich Architektur. Geschichte des Konstruierens. Hängedächer des 19. Jahrhunderts." *arcus,* no. 2. 1985.

Greenhalgh, P. "Ephemeral Vistas: The Exhibitions Universelles." *Great Exhibitions and World's Fairs, 1851–1939*. Manchester 1987.

Gregg, Richard A. "Two Adams and Eva in the Crystal Palace: Dostoevsky, the Bible, and We." *Major Soviet Writers: Essays in Criticism*, edited by Edward J. Brown. London 1973.

Günschel, G. *Grosse Konstrukteure*, vol. 1. Berlin 1966.

Harrison, Helen A., ed. *Dawn of a New Day: The New York World's Fair, 1939/1940*. New York 1980.

Helmreich, Anne. "The Nation and the Garden. England and the World's Fairs at the Turn of the Century." *Art, Culture, and National Identity in Fin-de-Siècle Europe*, edited by M. Focos and S. L. Hirsh. Cambridge, England 2003.

Hilton, Suzanne. *Here Today and Gone Tomorrow: The Story of World's Fairs and Expositions*. Philadelphia 1978.

Holt, E. G., ed. *The Triumph of Art for the Public: The Emerging Role of Exhibitions and Critics*. Garden City 1979.

Hines, T. S. *Burnham of Chicago: Architect and Planner*. New York 1974.

Hobhouse, Christopher. *1851 and the Crystal Palace*. London 1937.

Hoffenberg, Peter H. *An Empire on Display: English, Indian, and Australian Exhibitions from the Crystal Palace to the Great War*. Berkeley 2001.

Hoffmann, H. *Deutschland in Paris*. Munich 1937.

Isay, R. *Panorama des expositions universelles*. Paris 1937.

Jordan, Hermann. *Die künstlerische Gestaltung von Eisenkonstruktionen*. 2 vols. Berlin 1913.

Keim, J. A. *La Tour Eiffel*. Paris 1950.

Kultermann, Udo. *Architecture and Revolution: The Visions of Boullée and Ledoux*. Budapest 2003.

———. "Ausstellungsarchitektur Brüssel." *Baukunst und Werkform,* no. 6. 1958.

———. *Der Schlüssel zur Architektur von heute*. Duesseldorf 1963.

———. *Kenzo Tange: Architecture and Urban Design*. Zurich 1970.

———. "Konstruktion, Architektur und das fehlende Atomium." *form,* no. 3. 1958.

———. *Visible Cities—Invisible Cities*. St. Louis 1988.

Kultermann, Udo, ed. *St. James Modern Masterpieces: The Best of Art, Architecture, Photography, and Design Since 1945*. Detroit 1997.

"L'Exposition de Philadelphia." *Gazette des architecture et du batiment,* no. 12. 1876.

Lampugnani, Vittorio. "Von der E 42 zur EUR." In *Das Bauwerk und die Stadt*, edited by Wolfgang Böhm. Vienna

1994.

Lebedev, J. S. *Architektur und Bionik*. Berlin 1983 (first published in Russian in 1977).

Lewis, Arnold. *An Early Encounter with Tomorrow*. Chicago 1997.

Lewis, Beth Irwin. *Art for All?* Princeton 2003.

Libera, Adalberto, and Mario De Renzi. *La facciata della Mostra delle Rivoluzione Fascista*. Rome 1932.

Lingeri, P., G. Terragni, and C. Cattaneo. *Progetto per il Palazzo dei Congressi all' E 42*. Rome 1938.

Linn, James Weber. Introduction to *A Century of Progress Exposition Chicago, 1933*. Chicago 1933.

Lockman, Carol Ressler. *Utopian Visions and World's Fairs*. Symposium at the Hagley Library and Museum, Wilmington, Delaware, 15 April 2005.

Luckhurst, K. W. *The Story of Exhibitions*. London 1951.

Maass, John. "The Glorious Enterprise." *The Centennial Exhibition of 1876 and A. J. Schwarzmann, Architect-in-chief*. New York 1973.

Malamud, Carl. *A World's Fair for the Global Village*. Cambridge, Massachusetts 1997.

Mandell, Richard D. *Paris 1900*. Toronto 1967.

Markham, V. *Paxton and the Bachelor Duke*. London 1935.

Mattie, Erik. *World's Fairs*. Princeton 1998.

McHale, J. *R. Buckminster Fuller*. New York 1962.

Meyer-Bohe, W. *Vorfertigung: Handbuch des industriellen Bauens*. Essen 1964.

Mumford, Lewis. *Architecture*. Chicago 1926.

———. *The Culture of Cities*. New York 1938.

———. *From the Ground Up*. New York 1947.

———. *Roots of Contemporary American Architecture*. New York 1952.

———. *Sticks and Stones*. New York 1924.

Neuburg, Hans. *Conception of International Exhibitions*. Zurich 1969.

Noto, Cosimo. *The Ideal City*. New York 1903.

Nye, David E. *Electrifying America: Social Meanings of a New Technology, 1880–1940*. Cambridge, Massachusetts 1990.

Otto, Frei. *Das hängende Dach*. Berlin 1954.

Peer, S. *Vorfertigung auf der Baustelle*. Cologne 1964.

Pelli, Cesar. "Joseph Paxton's Crystal Palace." *a+u: architecture and urbanism,* no. 2. 1980.

Pevsner, N. *High Victorian Design: A Study of the Exhibits of 1851*. London 1957.

Plato, Alice von. *Präsentierte Geschichte: Ausstellungskultur und Massenpublikum im Frankreich des 19. Jahrhunderts*. Frankfurt 2001.

Poirier, R. *Des Foires, des peuples, des expositions*. Paris 1958.

Purbrick, Louise. *The Great Exhibition of 1851*. Manchester 2001.

Robbe, Deborah. *Expositions and Trade Shows*. New York 2000.

Roland, C. "Frei Otto." *Spannweiten*. Berlin 1965.

Rolt, L. T. C. *George and Robert Stephenson*. London 1960.

———. *Isambard Kingdom Brunel*. London 1957.

Rydell, Robert W. *All the World's a Fair*. Chicago 1984.

Rydell, Robert W., John E. Findling, and Kimberly D. Pelle. *Fair America: World's Fairs in the United States*. Washington, D.C. 2000.

Safdie, Moshe. *Beyond Habitat*. Cambridge, Massachusetts 1970.

———. "Habitat at 25." *Architectural Record,* July 1992.

Samuels, E., ed. *Henry Adams*. New York 1983.

Shaw, Marian. *World's Fair Notes: A Woman Journalist Views Chicago's 1893 Columbian Exhibition*. Chicago 1992.

Sigel, Paul. *Deutsche Pavillons auf Weltausstellungen*. Berlin 2000.

Tafuri, Manfredo, and Francesco Dal Co. *Architettura Contemporanea*. Milan 1976.

Tamir, M. *Les expositions internationales a travers les ages*. Paris 1939.

Tilly, Richard. "Globalisierung aus historischer Sicht und das Lernen aus der Geschichte." *Kölner Vorträge zur Sozial- und Wirtschaftsgeschichte,* no. 41. Cologne 1999.

Tompkins, Calvin. "Man and Whose World?" *The New Yorker.* 26 August 1967.

Tzonis, Alexander. *Santiago Calatrava: The Poetics of Movement*. New York 1999.

———. *Memory and Invention*. London 1992.

Tzonis, Alexander, and Liane Lefaivre. *Architektur in Europa seit 1968*. Frankfurt 1992.

Upjohn, F. M. "Buffington and the Skyscraper." *The Art Bulletin,* no. 17. 1935.

Velarde, Giles. *Designing Exhibitions*. Burlington 2001.

Verger, Pierre. *Exposition '37: 60 photographies.* Paris 1937.

Veronesi, G. *Difficolta politiche dell' architettura in Italia, 1920–1940*. Milan 1953.

Wachsmann, Konrad. "Machine Energy: The Technique of Our Time." *Building for Modern Man,* edited by Thomas H. Creighton. Princeton 1949 .

———. *Wendepunkt im Bauen*. Wiesbaden 1949.

Wise, Michael Z. "Walking Mussolini's Fascist Utopia." *The New York Times,* 11 July 1999.

Wörner, Walter. *Vergnügung ung Belehrung: Volkskultur auf den Weltausstellungen, 1851–1900*. Muenster 1999.

Zim, Larry, Mel Lerner, and Herbert Rolfes. *The World of Tomorrow: The 1939 New York World's Fair*. New York 1988.

Zukowsky, John, ed. *Chicago Architecture and Design, 1923–1993*. Munich 1993.

Photographs by The Asahi Shimbun Company, from EXPO '70, published by The Asahi Shimbun Company: 174, 178, 179, 180, 181, 183, 184, 185, 190, 191, 192, 195, 197

Courtesy the AT&T Archives and History Center: 143

Berliner Bild-Bericht / Fundació Mies van der Rohe-Barcelona: 20

James P. Blair / National Geographic Image Collection: 141

Belgium Post: 106 right

Hedrich Blessing, courtesy of the Chicago History Museum: 28-29, 39

Keystone / Jakob Braem: 126

Bruehl / Vogue, © Condé Nast Publications, Inc.: 67, 68, 85

© Library and Archives Canada. Reproduced with the permission of the Minister of Public Works and Government Services Canada (2006): 152, 155, 158, 164, 166-167, 168, 169, 171, 172 left

© Bill Cotter: 112-113

Courtesy the Cuneo Museum: 31, 49

The Donald Deskey Collection, Cooper-Hewitt, National Design Museum, Smithsonian Institution: 73, 81, 114, 117 top, 119

Courtesy Diller Scofidio + Renfro: 203 bottom

© 2007 EAMES OFFICE LLC (www.eamesoffice.com): 108

Foto Vasari, Roma: 95

Andrew Garn: 2, 16 left, 22, 24 bottom, 92, 96, 138-139, 150, 159, 160, 161, 198, 204, 206, 207, 208, 209, 210, 211, 212, 213, 214, 215

Andrew Garn and Rob Kearney: 133 bottom, back endpapers

GM Media Archive: 75, 78-79, 80, 117 bottom, 128, 140, 144, 146, 147, 148

Gorsky Fréres, courtesy Jean and Dimitri Swetchine: 53 bottom, 55, 58, 59

Samuel Gottscho, Library of Congress, Prints & Photographs Division, Gottscho-Schleisner Collection: 77 left, 82

Courtesy Hagley Museum and Library: 88, front endpaper (1901 Buffalo Exposition, conceptual flying machine for travel to the moon)

Hulton Archive / Getty Images: 106 left

The Illustration: 51, 52, 53 top, 57

The Japan Gas Association / Osaka Gas Co., Ltd.: 182, 194

Udo Kultermann: 23, 25, 93, 101, 102 top, 103, 104, 107, 163, 172 right, 176, 177, 186, 187, 188, 189, 196 bottom

Kyodo News: 193

Courtesy Richard Lea, Craftsman Press: 113 right

Photograph © Fred J. Maroon: 157 left, 170, 173

Thomas Nebbia / National Geographic Image Collection: 115, 120, 122, 123

New York World's Fair 1939–1940 Records, Manuscripts and Archives Division, The New York Public Library, Astor, Lenox and Tilden Foundations: 8 bottom, 21 bottom, 60, 61, 63, 65, 66, 69 right, 70-71, 77 right, 83, 84, 87, 90

New York World's Fair 1964–1965 Records, Manuscripts and Archives Division, The New York Public Library, Astor, Lenox and Tilden Foundations: 133 top, 145 bottom

Science, Industry & Business Library, The New York Public Library, Astor, Lenox and Tilden Foundations: 109

Courtesy NYC Municipal Archives: 64, 69 left, 89, 91

Courtesy the NY Daily News / Copyright by Daily News L.P.: 149

Courtesy Dave Philips: 21 top, 30, 33, 35, 43, 47

Philips Company Archives: 98, 99

Pierre Verger Foundation: 54, 56, 202 right

Courtesy the Queens Museum of Art

RDB / Werner Pfäudler: 125, 127

Courtesy Richard-Harpin Family Collection: 154

Romfilatelia: 102 bottom right

Paolo Rosselli, courtesy Santiago Calatrava Archive: 27, 202 left, 203 top

SANYO Electric Co., Ltd.: 196 top

Archives and Collections, Schenectady Museum & Suits-Bueche Planetarium: 142

Stamp design by Karen Scholz: 24 top

Courtesy The Seattle Times: 118 right

Courtesy Setesco: 105

Ezra Stoller © Esto, All rights reserved: 135

Courtesy Tadao Ando Architects & Associates: 26, 201

Time & Life Pictures / Getty Images: 100, 162 left

Reprinted with permission of the United States Postal Service, All Rights Reserved: 118 left, front endpapers

A Century of Progress Records (COP17 B24s98, COP17-305PSR34, COP17-277PE173, COP17-204, COP 17-11, COP17-276PE148, COP16-133, COP17-18w3572-3, COP17-18w3572-1), Special Collections Department, University Library, University of Illinois at Chicago: 32, 34, 36, 38 top, 41, 42 left, 44 left, 46

Courtesy University of Oklahoma: 18 top

University of Washington Libraries, Special Collections, UW 18956z: 111, 113 middle

Peter Warner, courtesy Mark M. Warner: 9, 136, 156, 157 right, 162 right, 165, 202 right

Courtesy of Wiedersum Associates Architects, PLLC: 137

© John G. Zimmerman: 132, 134, 145 top, 151

Every effort has been made to identify and contact the copyright owner of every image. Any inaccuracies brought to our attention will be corrected for future editions.

New York World's Fair 1939–1940 Records, Manuscripts and Archives Division, The New York Public Library, Astor, Lenox and Tilden Foundations: 8 bottom, 21 bottom, 60, 61, 63, 65, 66, 69 right, 70-71, 77 right, 83, 84, 87, 90

New York World's Fair 1964–1965 Records, Manuscripts and Archives Division, The New York Public Library, Astor, Lenox and Tilden Foundations: 133 top, 145 bottom

Science, Industry & Business Library, The New York Public Library, Astor, Lenox and Tilden Foundations: 109

Courtesy NYC Municipal Archives: 64, 69 left, 89, 91

Courtesy the NY Daily News / Copyright by Daily News L.P.: 149

Courtesy Dave Philips: 21 top, 30, 33, 35, 43, 47

Philips Company Archives: 98, 99
Pierre Verger Foundation: 54, 56
Courtesy the Queens Museum of Art: 86, 151 left
RDB / Werner Pfäudler: 125, 127
Courtesy Richard-Harpin Family Collection: 154
Romfilatelia: 102 bottom right
Paolo Rosselli, courtesy Santiago Calatrava Archive: 27, 202 left, 203 top
SANYO Electric Co., Ltd.: 196 top
Schenectady Museum & Suits-Bueche Planetarium: 142
Stamp design by Karen Scholz: 24 top
The Seattle Times: 118 right
Courtesy Setesco: 105
Ezra Stoller © Esto, All rights reserved: 135
Courtesy Tadao Ando Architects & Associates: 26, 201
Time & Life Pictures / Getty Images: 100, 162 left
Reprinted with permission of the United States Postal Service, All Rights Reserved: 118 left, front endpapers
A Century of Progress Records (COP17 B24s98, COP17-305PSR34, COP17-277PE173, COP17-204, COP 17-11, COP17-276PE148, COP16-133, COP17-18w3572-3, COP17-18w3572-1), Special Collections Department, University Library, University of Illinois at Chicago: 32, 34, 36, 38 top, 41, 42 left, 44 left, 46
University of Oklahoma: 18 top
University of Washington Libraries, Special Collections, UW 18956z: 111, 113 middle
Peter Warner, courtesy Mark M. Warner: 9, 136, 156, 157 right, 162 right, 165, 202 right
Courtesy of Wiedersum Associates Architects, PLLC: 137
John G. Zimmerman: 132, 134, 145 top, 151 right
Every effort has been made to identify and contact the copyright owner of every image. Any inaccuracies brought to our attention will be corrected for future editions.

acknowledgments • 致谢

The allure and fascination with world' s fairs began with my father' s stories of the adventure and wonderment of being a thirteen-year-old Boy Scout volunteer at the 1939/1940 New York World' s Fair (in fact, Norman Bel Geddes' s "Futurama" exhibit influenced his life-long devotion to General Motors cars). At the age of seven, at the 1964 New York World' s Fair, I experienced the space age future for myself—sitting in rocket capsules, traveling to the future on moving platforms, talking on picture phones, and driving in an amphibious car.

The culmination of years spent researching expositions, photographing closed fair sites, and compiling materials and a book contract were happily rewarded with a visit to a world' s fair in the present day, complete with cameras and behind-the-scenes access.

Special thanks go to Alice Leven and Kumiko Higashi for their support and guidance in Japan at Aichi' s Expo 2005. Thanks to Dung Ngo and Meera Deean at Rizzoli for their intelligence, tireless focus, and professionalism. My gratitude is due Jill Bloomer and Stephen Van Dyk for access to the excellent Cooper-Hewitt Library resources. To Karen Broderick for her invaluable photo research. To Steve Case and Eva Prinz for their early support of the project at Rizzoli. I am also grateful to Philip Weiss Auctions for access to the Peter Warner World' s Fair collection.

Many other thanks are due librarians, researchers, and friends who made this endeavor possible: Barbara Hall at the Hagley Museum and Library; Patricia Bakunas of the A Century of Progress Collection, University Libraries at the University of Illinois at Chicago; Jocelyne, Jean, and Ann Marie Richard; Sebastien LaRiviere at the Canadian Centre for Architecture; Elizabeth Broman and Jen Colhman at the Cooper-Hewitt Library; Peggy Vezina at the General Motors Media Archives; Stephen Saks and Tom Lisanti at the New York Public Library; Nancy Rattenbury at the Queens Museum of Art; Rob Medina at the Chicago History Museum; Barbara Moore at the Library of Congress; Jessika Uhl and Deb Brentwell at the Library and Archives of Canada; Toyoshi Matsumoto at Osaka Gas; Yoshiko Fujita at Asahi; George and Meriwether Garn; Udo and Judy Kultermann; Peter Warner, Rob Kearney, Lance Jacobs, Jordan Schaps, Delphine Blue, Paul Viejo-Fuchsman, Scott and Mako McGraw, Yumi Fannin, Katsuyo Hashimoto, Dave Philips, Richard Lea, Jacques Schiffman at Setesco, Sylvie Fodor, Jerome Lacharmoise, and Nina Gaspich; Charles Miers and Ellen Nidy at Rizzoli; and all the visionary designers, architects, and planners represented in this book who imagined creating a better tomorrow.

A.G.

图书在版编目（CIP）数据

通往明天之路：1933～2005年历届世博会的建筑、设计和风格 /（美）加恩等著；龚华燕译.
—北京：中国友谊出版公司，2010.3

ISBN 978-7-5057-2697-0

Ⅰ.①通…　Ⅱ.①加…②龚…　Ⅲ.①博览会—建筑设计—世界—1933～2005　Ⅳ.①TU242.5

中国版本图书馆CIP数据核字（2010）第033745号

THIS WORK WAS ORIGINALLY PUBLISHED UNDER THE TITLE EXIT TO TOMORROW,
BY UNIVERSE PUBLISHING,
A DIVISIION OF RIZZOLI INTERNATIONAL PUBLICATIONS,
NEW YORK IN 2007

本书由美国驻华大使馆新闻文化处独家授权并资助出版

监　　制：史宝明
责任编辑：张　纯
策　　划：李江南

书　　名：**通往明天之路**：1933 — 2005 年历届世博会的建筑、设计与风格
作　　者：安德鲁 · 加恩　保拉 · 安东内利　伍多 · 库尔特曼　斯蒂芬 · 范 · 戴克
译　　者：龚华燕
出版发行：中国友谊出版公司
经　　销：新华书店
排　　版：古月艺版工坊
印　　刷：东莞新丰印刷有限公司
开　　本：889mm × 1194mm　1/16　14 印张
字　　数：600 千字
版　　次：2010 年 3 月第 1 版第 1 次印刷
书　　号：ISBN 978-7-5057-2697-0
定　　价：80.00 元

NCR

THE COMPUTER........ELECTRONIC SERVANT TO MANKIND

IN THIS EXHIBIT YOU HAVE SEEN HOW A SALE RECORDED ON A CASH REGISTER WILL FLOW THROUGH AN ELECTRONIC SYSTEM IN WHICH MACHINES CAN READ HUMAN-LANGUAGE PRINTING AND IN WHICH MACHINES CAN TALK TO ONE ANOTHER. THESE SAME PRINCIPLES ARE BEING APPLIED TO EVERY LINE OF BUSINESS, SCIENCE, AND GOVERNMENT TO HANDLE THE WORLDS MOUNTAINS OF PAPERWORK.

THE COMPUTERS OF TODAY ARE *OFF-SPRING* OF SEVERAL GENERATIONS OF ELECTRONIC-ANCESTORS. BY THE TIME THE TWENTY-FIRST CENTURY ROLLS AROUND, THEY WILL HAVE CHANGED IN APPEARANCE AND DESIGN TO A POINT WHERE THEY WILL BEAR LITTLE RESEMBLANCE TO THEIR PRESENT DAY COUNTERPARTS.

THIS IS NOT TO SAY THAT TODAYS COMPUTERS ARE NOT PRACTICAL ...NOTHING COULD BE FURTHER FROM THE TRUTH. IF IT WERE NOT FOR THESE MARVELOUS TOOLS, MAN WOULD NOT BE MAKING TODAYS TREMENDOUS ADVANCES IN SCIENCE, MEDICINE, EDUCATION, TRANSPORTATION, PRODUCTION, MARKETING, AND DATA PROCESSING.

OPERATING AT SPEEDS WHICH STAGGER THE IMAGINATION, COMPUTERS SOLVE PROBLEMS THAT WOULD TAKE MANY YEARS TO SOLVE...THEY ENABLE PEOPLE IN MANAGEMENT TO OBTAIN FACTS ABOUT THEIR BUSINESS IN TIME TO BE USED MOST EFFECTIVELY...THEY TAKE THE DRUDGERY OUT OF RECORD-KEEPING...THEY ELEVATE THE ROLES OF PEOPLE IN BUSINESS TO A PLACE WHERE EMPLOYEES CAN CONTRIBUTE MORE OF THEIR TALENTS TO THEIR INDIVIDUAL JOBS...THEY HANDLE THE REAMS OF PAPERWORK THAT FLOW THROUGH THE WORLDS BUSINESS HOUSES...THEY HELP THE SCIENTISTS DESIGN NEW AND BETTER PRODUCTS ... THEY SERVE AS VALUABLE TOOLS IN DEFENSE, SPACE, AND MILITARY ENDEAVORS.

IN SHORT, THE COMPUTER IS MORE THAN JUST ANOTHER RECORD-KEEPING MACHINE...IT DOES MORE THAN PROCESS DATA. THE COMPUTER IS AN ELECTRONIC-SERVANT, SERVING MANKIND...MAKING THE WORLD A BETTER PLACE IN WHICH TO WORK...A BETTER PLACE IN WHICH TO LIVE.

THIS REPORT WAS PRINTED IN JUST 4 SECONDS.

NEW YORK
WORLD'S FAIR
$2.45
2039